中国語音節表

声母\韻母	a	o	e	-i	-i	er	ai	ei	ao	ou	an	en	ang	eng	-ong	i	ia	iao	ie	iou
なし	a	o	e			er	ai	ei	ao	ou	an	en	ang	eng		yi	ya	yao	ye	you
b	ba	bo					bai	bei	bao		ban	ben	bang	beng		bi		biao	bie	
p	pa	po					pai	pei	pao	pou	pan	pen	pang	peng		pi		piao	pie	
m	ma	mo	me				mai	mei	mao	mou	man	men	mang	meng		mi		miao	mie	miu
f	fa	fo						fei		fou	fan	fen	fang	feng						
d	da		de				dai	dei	dao	dou	dan	den	dang	deng	dong	di	dia	diao	die	diu
t	ta		te				tai		tao	tou	tan		tang	teng	tong	ti		tiao	tie	
n	na		ne				nai	nei	nao	nou	nan	nen	nang	neng	nong	ni		niao	nie	niu
l	la		le				lai	lei	lao	lou	lan		lang	leng	long	li	lia	liao	lie	liu
g	ga		ge				gai	gei	gao	gou	gan	gen	gang	geng	gong					
k	ka		ke				kai	kei	kao	kou	kan	ken	kang	keng	kong					
h	ha		he				hai	hei	hao	hou	han	hen	hang	heng	hong					
j																ji	jia	jiao	jie	jiu
q																qi	qia	qiao	qie	qiu
x																xi	xia	xiao	xie	xiu
zh	zha		zhe	zhi			zhai	zhei	zhao	zhou	zhan	zhen	zhang	zheng	zhong					
ch	cha		che	chi			chai		chao	chou	chan	chen	chang	cheng	chong					
sh	sha		she	shi			shai	shei	shao	shou	shan	shen	shang	sheng						
r			re	ri					rao	rou	ran	ren	rang	reng	rong					
z	za		ze		zi		zai	zei	zao	zou	zan	zen	zang	zeng	zong					
c	ca		ce		ci		cai		cao	cou	can	cen	cang	ceng	cong					
s	sa		se		si		sai		sao	sou	san	sen	sang	seng	song					

↑"i"とは異なる音　　　　↑表記からoが消える

i					u									ü			
ian	in	iang	ing	iong	u	ua	uo	uai	uei	uan	uen	uang	ueng	ü	üe	üan	ün
yan	yin	yang	ying	yong	wu	wa	wo	wai	wei	wan	wen	wang	weng	yu	yue	yuan	yun
bian	bin		bing		bu												
pian	pin		ping		pu												
mian	min		ming		mu												
					fu												
dian			ding		du		duo		dui	duan	dun						
tian			ting		tu		tuo		tui	tuan	tun						
nian	nin	niang	ning		nu		nuo			nuan				nü	nüe		
lian	lin	liang	ling		lu		luo			luan	lun			lü	lüe		
					gu	gua	guo	guai	gui	guan	gun	guang					
					ku	kua	kuo	kuai	kui	kuan	kun	kuang					
					hu	hua	huo	huai	hui	huan	hun	huang					
jian	jin	jiang	jing	jiong										ju	jue	juan	jun
qian	qin	qiang	qing	qiong										qu	que	quan	qun
xian	xin	xiang	xing	xiong										xu	xue	xuan	xun
					zhu	zhua	zhuo	zhuai	zhui	zhuan	zhun	zhuang					
					chu	chua	chuo	chuai	chui	chuan	chun	chuang					
					shu	shua	shuo	shuai	shui	shuan	shun	shuang					
					ru		ruo		rui	ruan	run						
					zu		zuo		zui	zuan	zun						
					cu		cuo		cui	cuan	cun						
					su		suo		sui	suan	sun						

↑　　　　　　　↑　　　　　　　　　　　↑
表記からeが消える　　　　　jqxyに続くと"¨"が消える

本書の音声について

本書で🎵マークがついた部分の中国語は、音声データ（MP3）をダウンロードして聞いてください。ファイルはZIP形式で圧縮された形でダウンロードされ、無料でご利用いただけます。

吹込：容文育・李軼倫

https://www.hakuteisha.co.jp/news/n28360.html

※各機器と再生ソフトに関する技術的なご質問は、各メーカーにお願いいたします。
※ダウンロードがご不便な場合は、実費にてCDに音声を入れてお送りします。下記までご連絡ください。
　㈱白帝社　電話 03-3986-3271　E-mail:info@hakuteisha.co.jp
※本書及び本書の音声は著作権法で保護されています。

練習帳付き

中国語初級テキスト

大学漢語

Dàxué Hànyǔ

衛榕群・中木愛　著

白帝社

まえがき

　本書は大学で中国語の学習を始める学習者を対象とした、中国語の入門・初級テキストです。1年間、週2コマ、2学期制のカリキュラムに合わせて、前半（発音、1～8課、復習1）と後半（9課～17課、復習2）で構成しました。前半の第8課のあとには、簡単な自己紹介文を加え、後半の第15課は、さらにそれを発展させたスピーチの文章を取り入れています。

　各課の主な構成は以下のとおりです。

- ◆ **導入文**：会話文の場面を説明した短文。主人公の高木愛さんの日記のような体裁になっている。
- ◆ **本　文**：6行の会話文。暗唱練習に対応できるように、1文は10文字程度、見開き右ページに日本語訳を載せる。
- ◆ **新出語句**：会話文に出てくる新出語句。
- ◆ **導入文の語句**：導入文に出てくる新出語句。
- ◆ **ポイント**：本文（会話文）に用いられている文法のポイントを3～4点ほど載せる。ポイントごとに、内容を確認する練習問題（日文中訳）がある。
- ◆ **会話コーナー**：ポイントの内容を把握し応用練習するもの。
- ◆ **練習問題**：各課の内容全体を復習するもの。

このほか、以下の項目があり、別冊の練習帳が付いています。

- ◆ **～のいろいろ**：語彙量が増やせるように、主なトピックごとに設けたもの。
- ◆ **くわしい解説**：本文やポイントに関する文法事項をさらに掘り下げた解説。
- ◆ **語彙索引**：ピンイン順・五十音順の語彙索引。それぞれ掲載ページの例文にたどりつけるため、簡易辞書としても活用できる。
- ◆ **別冊　練習帳**：本文の新出語句、本文、練習問題の解答などを書き込むノート。ミシン目入り。

本書の作成にあたって、会話文は学生生活に沿った実用的な話題を選び、文法はなるべくシンプルに、しかししっかりと基礎固めができるように企図しました。一方、学習がテキストの内部で閉じてしまわないように、日本地図や東京・京都の観光地図、カレンダーなどを加え、少しでも学習者それぞれの日常に開かれた学習ができるようにしました。

　本書は『龍大漢語（2017年度試行本）』『龍大漢語（2018年度試行本）』をもとに、修正を加えて改編したものです。龍谷大学の京都学舎教養教育科目中国語科目ご担当の先生方には、多くの貴重なご助言をいただきました。学生の皆さんの質問や反応も大変参考になりましたし、包子先生や水餃小姐のイラストを描いてくれたのも本学の学生さんです。皆でともに学びながら作り上げることができたテキストですが、まだ不十分な点も多いかと思います。ひきつづき皆様のご指導、ご教示をいただければ幸いです。

　最後に、白帝社の岸本詩子さんには、試行本構想の段階から大変お世話になりました。些末な要望も聞いて下さり、いつも丁寧で細やかな対応をして下さったことに、心から感謝申し上げます。

2018年10月　著者

登場人物の紹介

高木 愛（高木 愛 Gāomù Ài）
京谷大学経済学部１年生。19歳。大阪出身。自宅から１時間半かけて電車で通学している。大学から始めた中国語の勉強にはまり、中国への留学を考えている。趣味は、音楽鑑賞（とくにJ-POP）、カラオケ、ショッピング。

李 龍（李 龙 Lǐ Lóng）
中国からの交換留学生。21歳。北京出身。現在、京谷大学経済学部に留学中。大学の近くの留学生宿舎に住んでいる。アジア経済を専攻し、将来は日本で働きたいと考えている。趣味は、サッカー観戦、うどん・ラーメンの食べ歩き。

アシスタントの紹介

水餃子さん（水饺小姐 Shuǐjiǎo Xiǎojiě）
分かりにくいところを丁寧に説明したり、会話の練習を手伝ったりしてくれる。優しいお姉さん。

肉まん先生（包子先生 Bāozi Xiānsheng）
細かい文法事項や注意点など、一歩踏み込んだ内容を解説してくれる。ときどき難しいことも言うので、１年生のうちは理解できなくても大丈夫。

目　次

中国語の発音 6
　　　中国語の音節　　声調　　母音　　子音　　母音＋鼻音　　"ü"がつく音
　　　隠れている母音　　声調符号のつけかた　　儿化音　　"不"の声調変化
　　　"一"の声調変化　　第3声の声調変化　　声調の種類と組み合わせ　　あいさつ表現

第 1 課　你好！ 14
　　　1．人称代名詞　　2．"是"を用いる文　　3．名詞を修飾する"的"
　　　4．"也"　　5．"都"

第 2 課　您贵姓？ 20
　　　1．名前のいいかた　　2．動詞述語文　　3．人や事物をあらわす代名詞　　4．"吧"

第 3 課　今天天气真好！ 26
　　　1．形容詞述語文　　2．程度副詞　　3．"喜欢"　　4．"有～"

第 4 課　他今年多大？ 32
　　　1．親族名称　　2．年齢のいいかた　　3．数字

第 5 課　去食堂吃饭吧。 38
　　　1．時刻の表現　　2．動詞＋"了"　　3．"去"／"来"＋場所＋動詞
　　　4．"去"と"走"　　◆一日の生活

第 6 課　食堂的菜怎么样？ 46
　　　1．"在"〔場所〕　　2．場所をあらわす代名詞　　3．"在"〔場所〕＋動詞
　　　4．方角や位置をあらわすことば　　◆校園略図

第 7 課　你去过中华街吗？ 52
　　　1．曜日　　2．"想"＋動詞　　3．動詞＋"过"　　4．名詞を修飾する"的"
　　　◆カレンダー　　時をあらわすことば

第 8 課　要多长时间？ 58
　　　1．"离～"　　2．"怎么"＋動詞　　3．"从～到…"　　4．時間の長さ
　　　◆京都地図　　◆东京地图

自我介绍 65

復習 1 68

第 9 課　在哪儿买的？ 70
　　　1．量詞　　2．"了"の位置　　3．"（是）～的"　　4．二重目的語
　　　◆在快餐店　　◆中国のお金

第10課　北京的夏天比京都热吧？ 80
　　　1．比較　　2．選択疑問文"～，还是…"

第11課　你会说日语吗？ 86
　　　1．動詞＋"一下"／動詞（一）動詞　　2．可能（会得）の助動詞"会"
　　　3．動詞＋"了"＋時間の長さなど（＋目的語）＋"了"

第 12 課　这个周末你打算做什么？ ································· 92
　　　1．"打算"　　2．可能（能力）の助動詞 "能"
　　　3．"一点儿也（／都）" ＋ 否定　　4．必要・義務の助動詞 "要"

第 13 課　你在做什么呢？ ······································· 98
　　　1．"在" ＋ 動詞 ＋（"呢"）　　2．可能（条件）の助動詞 "能"
　　　3．結果補語　　4．"快～了"

第 14 課　你唱歌唱得真不错！ ··································· 104
　　　1．状態補語　　2．許可の助動詞 "可以"　　3．"给"〔人〕＋ 動詞

第 15 課　参加演讲比赛 ·· 109
　　　1．助動詞 "要"　　2．使役　　3．"一～就…"　　4．助動詞 "会"
　　　【演讲比赛的稿子】
　　　5．"除了～以外"　　6．"有" ＋ 名詞 ＋ 動詞／動詞フレーズ

第 16 課　为什么呢？ ·· 118
　　　1．"有点儿"　　2．"为什么" "因为…"　　3．"～的时候"　　4．禁止

第 17 課　有些地方看不懂。 ····································· 124
　　　1．"把" 構文　　2．方向補語　　3．可能補語　　4．変化の "了"

復習 2 ·· 130

語彙索引（ピンイン順） ·· 136

語彙索引（五十音順） ·· 148

いろいろコーナー
　食べもの・飲みもののいろいろ ················ 31
　乗りもののいろいろ ·························· 62
　趣味のいろいろ ······························ 67
　パソコン用語のいろいろ ······················ 75
　外資系の店のいろいろ ························ 78
　世界の貨幣 ·································· 79
　世界の国や地域 ······························ 91
　スポーツのいろいろ ························· 122

くわしい解説
　"也"（～も）と "都"（みな） ················ 19
　名前の呼び方 ································ 25
　「この～」「その・あの～」「どの～」 ·········· 37
　離合詞 ······································ 97
　結果補語 ··································· 103
　中国語の主語 ······························· 129
　方向補語 ··································· 132
　"在" のあとの名詞 ·························· 134

　◆ 一日の生活 ······························· 44
　◆ 日本の地図 ······························· 45
　◆ カレンダー ······························· 57
　◆ 京都の地図 ······························· 63
　◆ 東京の地図 ······························· 64
　◆ 中国のお金 ······························· 79

中国語の発音

　中国語は、中華人民共和国、台湾や香港、シンガポールの公用語であり、世界で最も多い使用人口を誇る言語のひとつである。中国には多くの民族がいるが、全体の9割以上を占める漢民族の言語を"**汉语 Hànyǔ**"（漢語）という。"**汉语**"にも"**上海话 Shànghǎihuà**"（上海語）や"**广东话 Guǎngdōnghuà**"（カントン／広東語）などいくつかの方言があり、中国全土で通用する共通語を"**普通话 pǔtōnghuà**"という。

　中国語の音をあらわす中国式のローマ字による表記を"**拼音 pīnyīn**"（ピンイン）という。また、中国大陸で一般的に用いられている簡略化された漢字の字体を"**简体字 jiǎntǐzì**"（簡体字）、台湾や香港などで用いられる簡略化されていない字体を"**繁体字 fántǐzì**"（繁体字）という。

中国語の音節

　漢字1字が1音節で、音節は**声母（子音）＋韻母（母音／鼻母音）＋声調**で構成される。

　　　　　　声母：中国語の声母は子音なので、本書では以下「子音」と呼ぶ。
　　　　　　韻母：中国語の韻母には、母音と母音＋鼻音（-n、-ng）がある。

【簡体字】　　你 好
【ピンイン】　nǐ hǎo　　　nǐ　＝ "n"（子音）＋ " i "（母音）＋ " ˇ "（声調：第3声）
　　　　　　　　　　　　hǎo ＝ "h"（子音）＋ "ao"（母音）＋ " ˇ "（声調：第3声）

mā~

声　調

1. 四声

"普通话"には4種類の声調があり、声調によって意味が異なる。声調符号は母音の上につける。

☞「声調符号のつけかた」p.11

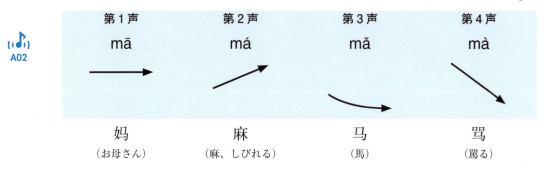

2. 軽声　ほかの音節につづいて軽く発音する。声調符号はつけない。

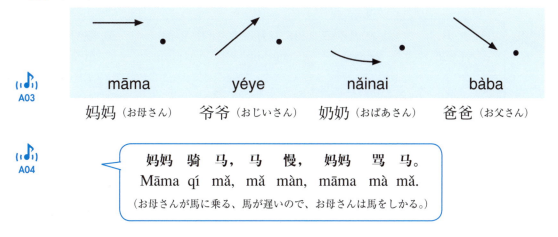

妈妈骑马，马慢，妈妈骂马。
Māma qí mǎ, mǎ màn, māma mà mǎ.
（お母さんが馬に乗る、馬が遅いので、お母さんは馬をしかる。）

母　音

1. 単母音　日本語の説明はあくまで参考に。実際の声をよく聞いてまねましょう。

a	日本語の「ア」より口を大きくあける。
o	意識して唇をまるめて突き出す。
e	「オ」と発音して唇を左右に引く。のどの奥から「オー」か「ウー」のような音。
i (yi)	口をしっかり左右にひく。
u (wu)	唇をまるめて突き出す。「ウ」よりむしろ「オ」の音に近い。
ü (yu)	唇をまるめて突き出し「イー」。
er	口を半開きに「ア」と発音して舌をまきあげる。子音はつかない。

（　）内は子音がなく母音だけで一音節となるときの表記

中国語の発音　7

2. 複合母音

"e" は、複合母音のときは日本語の「エ」に近い音。

A06

ai	ei	ao	ou	
ia (ya)	ie (ye)	ua (wa)	uo (wo)	üe (yue)
iao (yao)	iou / -iu (you)	uai (wai)	uei / -ui (wei)	

（　）内は子音がつかない場合の表記

- iou (you) / -iu　　子音がつくと "o" の音が弱まり、表記から消える。

　　　　　　　　　　d + iou　→　diu

- uei (wei) / -ui　　子音がつくと "e" の音が弱まり、表記から消える。

　　　　　　　　　　d + uei　→　dui

A07

(1) 一月　　　(2) 二月　　　(3) 五月　　　(4) 外语　　　(5) 哎呀
　　yī yuè　　　　èr yuè　　　　wǔ yuè　　　　wàiyǔ　　　　āiyā
　　　　　　　　　　　　　　　　　　　　　　　（外国語）　　（あらまぁ）

(6) 我 要 鱼。　　　(7) 我 有 娃娃。　　　(8) 我 爱 爷爷。
　　Wǒ yào yú.　　　　Wǒ yǒu wáwa.　　　　Wǒ ài yéye.
　（私は魚がほしい。）　（私は人形を持っている。）　（私は祖父が好きだ。）

子　音

A08

無気音	有気音			
b (o)	p (o)	m (o)	f (o)	
d (e)	t (e)	n (e)		l (e)
g (e)	k (e)		h (e)	
j (i)	q (i)		x (i)	
zh (i)	ch (i)		sh (i)	r (i)
z (i)	c (i)		s (i)	

（　）内は発音練習のときにつける母音

「無気音」は息を殺して抑える、「有気音」は息を強く出して発音する。

8　中国語の発音

1. b p m f

A09

爸爸	妈妈	妹妹
bàba	māma	mèimei
（お父さん）	（お母さん）	（妹）

2. d t n l

A10

弟弟	牛奶	葡萄	麻婆豆腐
dìdi	niúnǎi	pútao	mápó dòufu
（弟）	（牛乳）	（ぶどう）	（マーボー豆腐）

3. g k h

A11

哥哥	咖啡	可口可乐
gēge	kāfēi	kěkǒu kělè
（お兄さん）	（コーヒー）	（コカコーラ）

第3声が連続すると、前の音は第2声に変化する。☞「第3声の声調変化」p.12

4. j q x

A12

姐姐	西瓜	巧克力
jiějie	xīguā	qiǎokèlì
（お姉さん）	（スイカ）	（チョコレート）

5. zh ch sh r

舌を奥の方へ引っ込めたまま発音する。
"zhi" "chi" "shi" "ri" の "i" は単母音の "i" とは異なり奥まった音。口を左右に引かない。

A13

果汁	汽水	普洱茶	回锅肉
guǒzhī	qìshuǐ	pǔ'ěrchá	huíguōròu
（ジュース）	（サイダー）	（プーアール茶）	（ホイコーロー）

6. z c s

"zi" "ci" "si" の "i" は、口をしっかり左右に引いて「ツー（無気音）」「ツー（有気音）」「スー」と発音する。単母音の "i" とも "zhi" "chi" "shi" の "i" とも異なる。

A14

饺子	白菜	寿司
jiǎozi	báicài	shòusī
（ギョーザ）	（白菜）	（寿司）

中国語の発音

母音＋鼻音

-n 舌先を上の歯から歯茎のあたりにつけて「ン」。

-ng 舌を下げて喉の奥を開いて「ン」。

A15

an	ang	en	eng	ong
ian (yan)	iang (yang)	in (yin)	ing (ying)	iong (yong)
uan (wan)	uang (wang)	uen / -un (wen)	ueng (weng)	
üan (yuan)		ün (yun)		

（　）内は子音がつかない場合の表記

A16

- en 「エン」に近い音。
- eng 日本語の「エ」を発音する口の形をして、喉の奥から「オン」。

- ian (yan) 「イエン」
- iang (yang) 「イアン」

- uen (wen) 子音が無ければ「ウエン」。
  子音がつくと "e" の音が弱まり、表記から消える。

  t + uen → tun

- ueng (weng) 子音はつかず "weng" のみ。"u" につづけて "eng" を発音する。

- üan (yuan) "a" はやや「エ」に近い音。

A17

英语 Yīngyǔ （英語）	语言 yǔyán （言語）	委员 wěiyuán （委員）	医院 yīyuàn （病院）	月亮 yuèliang （月）

A18

炒饭 chǎofàn （チャーハン）	乌龙茶 wūlóngchá （ウーロン茶）	小笼包 xiǎolóngbāo （ショウロンポー）	拉面 lāmiàn （ラーメン）	青椒肉丝 qīngjiāoròusī （チンジャオロース）

"ü" がつく音

"ü" がつく子音は、"n" "l" と "j" "q" "x" のみ。

旅游	女朋友	绿茶
lǚyóu	nǚpéngyou	lǜchá
（旅行）	（ガールフレンド）	（緑茶）

"j" "q" "x" につくときは "ü" → "u" と表記する。（子音がつかないときも "yu"）

去　学校	电视剧	运动员
qù xuéxiào	diànshìjù	yùndòngyuán
（学校に行く）	（テレビドラマ）	（スポーツ選手）

隠れている母音

子音につづく "-iu" "-ui" "-un" は、真ん中に母音が隠れているので発音に注意。とくに第3声の発音では、隠れている母音がはっきり現れる。

jiu　←　jiou
shui　←　shuei
tun　←　tuen

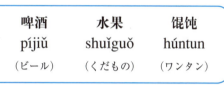

啤酒	水果	馄饨
píjiǔ	shuǐguǒ	húntun
（ビール）	（くだもの）	（ワンタン）

声調符号のつけかた

◆母音の上につける。
◆"i" につける場合、"・" を取って " ī í ǐ ì " とする。
◆母音が2つ以上ある場合、優先順位は次のとおり。
　① a
　② o あるいは e（o と e がいっしょに現れることはない）
　③ -iu は u ／ -ui は i

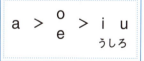

✏ 発音をきいて声調符号をつけましょう。

○(零)	一	二	三	四	五	六	七	八	九	十
ling	yi	er	san	si	wu	liu	qi	ba	jiu	shi

儿化音

接尾辞 "儿" がつく音。ピンイン表記は "r" をつけ、舌をそり上げて発音する。

那儿	这儿	画儿
nàr	zhèr	huàr
(そこ、あそこ)	(ここ)	(絵)

複合母音の "i" や "n" につくときは "i" "n" は無視して舌をそり上げ、"ng" につくときは鼻に抜くように発音する。

玩儿	一点儿	一块儿	空儿
wánr	yìdiǎnr	yíkuàir	kòngr
(遊ぶ)	(少し)	(一緒に)	(ひまな時間)

"不 bù" の声調変化

うしろに第4声が続くときは第2声に変化する。本書では変化後の声調を表記する。

"不" + 第1声　　**不吃**　bù chī　　（食べない）
"不" + 第2声　　**不来**　bù lái　　（来ない）
"不" + 第3声　　**不买**　bù mǎi　　（買わない）
"不" + 第4声　　**不看**　bú kàn　　（見ない）

"一 yī" の声調変化

うしろに第1・2・3声が続くときは第4声に、うしろに第4声が続くときは第2声に変化する。本書では変化後の声調を表記する。

"一" + 第1声　　**一杯茶**　yì bēi chá　　（1杯のお茶）
"一" + 第2声　　**一瓶酒**　yì píng jiǔ　　（1本のお酒）
"一" + 第3声　　**一本书**　yì běn shū　　（1冊の本）
"一" + 第4声　　**一位老师**　yí wèi lǎoshī　　（1名の先生）

ただし、序数を表す場合は変化しない。

　　一年级　yī niánjí　（1年生）　　　一月一号　yī yuè yī hào　（1月1日）

第3声の声調変化

第3声の音が連続するときは、前の音が第2声に変化する。ただし、声調符号は第3声のまま表記。何文字も続く場合は、意味の切れ目などによって調整される。

　　你好。　　　Nǐ hǎo.　　〔→ Ní hǎo.〕　　　　　　（こんにちは。）
　　我买水果。　Wǒ mǎi shuǐguǒ.〔→ Wó mǎi shuíguǒ.〕（私はくだものを買う。）

声調の種類と組み合わせ

	第1声	第2声	第3声	第4声	軽声
第1声	吃（食べる）chī 喝（飲む）hē	咖啡（コーヒー）kāfēi 京都 Jīngdū	中国 Zhōngguó 公园（公園）gōngyuán	英语 Yīngyǔ 香港 Xiānggǎng	医院（病院）yīyuàn 经济（経済）jīngjì	包子（肉まん）bāozi 他们（彼ら）tāmen
第2声	来（来る）lái 学（学ぶ）xué	台湾 Táiwān 熊猫（パンダ）xióngmāo	红茶 hóngchá 食堂 shítáng	牛奶（牛乳）niúnǎi 啤酒（ビール）píjiǔ	学校 xuéxiào 杂志（雑誌）zázhì	馄饨（ワンタン）húntun 葡萄（ブドウ）pútao
第3声	买（買う）mǎi 我（私）wǒ	手机（携帯）shǒujī 北京 Běijīng	美国（アメリカ）Měiguó 草莓（いちご）cǎoméi	水果（くだもの）shuǐguǒ 你好（こんにちは）nǐ hǎo	炒饭（チャーハン）chǎofàn 可乐（コーラ）kělè	饺子（ギョーザ）jiǎozi 我们（私たち）wǒmen
第4声	去（行く）qù 看（見る、読む）kàn	面包（パン）miànbāo 四川 Sìchuān	大学 dàxué 面条（めん類）miàntiáo	日本 Rìběn 汉语（中国語）Hànyǔ	电视（テレビ）diànshì 再见（さよなら）zàijiàn	豆腐 dòufu 谢谢（ありがとう）xièxie

"我 wǒ" + 〔動詞〕+〔目的語〕
"我 wǒ" + "不" + 〔動詞〕+〔目的語〕の順に単語を並べて文を作りましょう。

もう文が作れるよ。

あいさつ表現

- 你好。　　Nǐ hǎo.　　（こんにちは。）
- 老师好。　Lǎoshī hǎo.（先生こんにちは。）
- 谢谢。　　Xièxie.　　（ありがとう。）
- 不用谢。　Búyòng xiè.（どういたしまして。）
- 对不起。　Duìbuqǐ.　（ごめんなさい。）
- 没关系。　Méi guānxi.（かまいません。）

- 麻烦你了。　Máfan nǐ le.（ご面倒をおかけします。）
- 别客气。　Bié kèqi.（ご遠慮なく。）
- 再见。　　Zàijiàn.（さようなら。）
- 慢走。　　Mànzǒu.（お気をつけて。）
- 辛苦了。　Xīnkǔ le.（お疲れさまです。）

第 1 课　你好！
Dì yī kè　Nǐ hǎo!

我是京谷大学一年级的学生。李龙是我们大学的留学生。我们都是经济学系的学生。

李龙：你好！
　　　Nǐ hǎo!

高木：你好！请问，你是中国人吗？
　　　Nǐ hǎo!　Qǐngwèn, nǐ shì Zhōngguórén ma?

李龙：是。我是中国留学生。
　　　Shì.　Wǒ shì Zhōngguó liúxuéshēng.

高木：我是经济学系的学生。你呢？
　　　Wǒ shì jīngjìxuéxì de xuéshēng.　Nǐ ne?

李龙：我也是经济学系的学生。
　　　Wǒ yě shì jīngjìxuéxì de xuéshēng.

高木：我们都是经济学系的。
　　　Wǒmen dōu shì jīngjìxuéxì de.

こんにちは！

　　私は京谷大学一年生の学生です。李龍くんは私たちの大学の留学生です。私たちはみな経済学部の学生です。

李龍： こんにちは！
高木： こんにちは！　おたずねしますが、あなたは中国人ですか？
李龍： はい。私は中国人留学生です。
高木： 私は経済学部の学生です。あなたは？
李龍： 私も経済学部の学生です。
高木： 私たちはみな経済学部（の学生）です。

新出語句
A34

1.	你好	nǐ hǎo	こんにちは
2.	请问	qǐngwèn	おたずねしますが
3.	你	nǐ	あなた
4.	是	shì	～は…である
5.	中国人	Zhōngguórén	中国人
6.	吗	ma	文末の助詞、諾否疑問をあらわす
7.	是(是的)	shì (shì de)	はい、そうです
8.	我	wǒ	私
9.	留学生	liúxuéshēng	留学生
	中国留学生	Zhōngguó liúxuéshēng	中国人留学生
10.	经济学系	jīngjìxuéxì	経済学部
11.	的	de	名詞を修飾する助詞（～の）
12.	学生	xuéshēng	学生（"shēng"は軽声で読むことが多い）
13.	～呢?	~ne?	～は？（名詞につけて後ろを省略した疑問文を作る）
14.	也	yě	～も
15.	都	dōu	すべて、みな

導入文の語句
A35

1)	京谷大学	Jīnggǔ Dàxué	京谷大学
2)	一年级	yī niánjí	１年生

☞ 📖 くわしい解説「"也"（～も）と"都"（～みな）」p.19

ポイント

1. 人称代名詞

		単　数	複　数
1人称	わたし	我 wǒ	我们 wǒmen ・ 咱们 zánmen
2人称	あなた	你 nǐ （您 nín）	你们 nǐmen
3人称	彼/彼女	他 tā / 她 tā	他们 tāmen / 她们 tāmen
疑問詞	誰	谁 shéi	

・"您" は丁寧な表現　　・"咱们" は聞き手も含む表現

2. "是 shì" を用いる文　　主語 ＋ "是" ＋ 名詞　（〜は……である）

"是" は判断を表す動詞。形容詞述語文には使わない。否定文は "不是 bú shì"。疑問文は文末に "吗 ma" をつける（"是不是" という形の反復疑問文もある）。

　　[肯定文] ① 他是学生。　　Tā shì xuéshēng.
　　[否定文] ② 他不是学生。　Tā bú shì xuéshēng.
　　[諾否疑問文] ③ 他是学生吗？　Tā shì xuéshēng ma?
　　([反復疑問文] ④ 他是不是学生？　Tā shì bu shì xuéshēng?)
　　　　　　── 是。（是的。）/ 不是。　Shì. (Shìde.) / Bú shì.

疑問詞を用いるときは "吗" はつけない。

　　[疑問詞疑問文] ⑤ 你们老师是谁？　　　　　　　♦老师：先生、教師
　　　　　　　　　Nǐmen lǎoshī shì shéi?
　　　　　　　── 是李老师和竹内老师。　　　　　♦和：〜と
　　　　　　　　 Shì Lǐ lǎoshī hé Zhúnèi lǎoshī.

✎ _____。　彼らは中国人です。

✎ _____。　私は中国人ではありません。

3. 名詞を修飾する "的 de"　　名詞 ＋ "的" ＋ 名詞

　　⑥ 我的课本　　　Wǒ de kèběn　　　　　　　♦课本：教科書、テキスト

　　⑦ 京谷大学的学生　Jīnggǔ Dàxué de xuéshēng

16　第1課　你好！

人称代名詞のあと家族や所属先が続くときは、"的"は省略することが多い。

 ⑧ 我妈妈 wǒ māma   ◆妈妈：お母さん、母親

 ⑨ 我们学校 wǒmen xuéxiào

"的"の後ろの名詞は省略できる。

 ⑩ 我的课本 → 我的（课本）

 ⑪ 京谷大学的学生 → 京谷大学的（学生）

4. "也 yě"（〜も）「〜も」という意味の副詞。動詞や形容詞の前に置く。

 ⑫ 他们也是日本人。 Tāmen yě shì Rìběnrén.

 ⑬ 我也不是学生。 Wǒ yě bú shì xuésheng.

✏ _____。彼も先生ではありません。

✏ _____。私も京谷大学の学生です。

5. "都 dōu"（すべて、みな）

「すべて、みな」という意味の副詞。動詞や形容詞の前に置く。

 ⑭ 我们都是日本人。 Wǒmen dōu shì Rìběnrén.

 ⑮ 他们都不是中国人。 Tāmen dōu bú shì Zhōngguórén.

✏ _____。あなたたちはみな留学生ですか？

✏ _____。
彼女たちはみな経済学部（の学生）ではありません。

会話コーナー

A：你 是 ＿＿＿＿＿＿ 吗？

B：是。

不 是。我 是 ＿＿＿＿＿＿。

日本人	Rìběnrén	
中国人	Zhōngguórén	
美国人	Měiguórén	◆ アメリカ人
东京人	Dōngjīngrén	◆ 東京の人
大阪人	Dàbǎnrén	◆ 大阪の人
京都人	Jīngdūrén	◆ 京都の人
老师	lǎoshī	
学生	xuésheng	
大学生	dàxuéshēng	
留学生	liúxuéshēng	
中国留学生	Zhōngguó liúxuéshēng	◆ 中国人留学生
日本学生	Rìběn xuéshēng	◆ 日本人の学生

文学系	wénxuéxì	
心理学系	xīnlǐxuéxì	◆ 心理学部
经济学系	jīngjìxuéxì	
经营学系	jīngyíngxuéxì	◆ 経営学部
法学系	fǎxuéxì	
政策学系	zhèngcèxuéxì	
国际学系	guójìxuéxì	◆ 国際学部
农学系	nóngxuéxì	◆ 農学部
理工学系	lǐgōngxuéxì	
社会学系	shèhuìxuéxì	
〔　〕大学	〔　〕Dàxué	
一年级	yī niánjí	◆ 1年生

的学生

☞「日本地図」p.45

 練習問題

1．次のピンインを中国語（簡体字）にし、日本語に訳しなさい。

(1) Qǐngwèn, nǐ shì xuésheng ma?

(2) Tāmen dōu shì liúxuéshēng.

(3) Nǐ yě shì jīngjìxuéxì de ma?

2．中国語に訳し、ピンインを書いて発音しなさい。

(1) 私は日本人です。

(2) 私は〔　　〕大学〔　　〕学部〔　　〕年生の学生です。

(3) 彼女は経営学部の先生ではありません。

〔　〕には自分の大学名と学部・学年を入れましょう。

3．次の中国語の質問に対して中国語で答えなさい。

(1)

(2)

(3)

◆ 李龙 Lǐ Lóng：李龍くん

◆ 高木 Gāomù：高木さん

 くわしい解説

"也"（〜も）と "都"（みな）

"也" は「〜も」、"都" は「みな」という意味の副詞で、動詞の前に置きます。

- 他　也　是　学生。　　　Tā yě shì xuésheng.　　　　彼も学生です。
- 他们　都　是　学生。　　Tāmen dōu shì xuésheng.　　彼らはみな学生です。

"也" と "都" をいっしょに用いる場合は、"也都" の順になります。

- 他们　也　都　是　学生。　Tāmen yě dōu shì xuésheng.　彼らもみな学生です。

否定の場合は、"也" と "都" は "不" の前に置きます。

- 他　也　　不　是　学生。Tā yě bú shì xuésheng.　　　　彼も学生ではありません。
- 他们　　都　不　是　学生。Tāmen dōu bú shì xuésheng.　彼らはみな学生ではありません。
- 他们　也　都　不　是　学生。Tāmen yě dōu bú shì xuésheng. 彼らもみな学生ではありません。

"不" と "都" をいっしょに用いる場合は、"不" の位置によって意味が異なります。

- 他们　都　不　是　学生。　　　彼らはみな学生ではありません。
  Tāmen dōu bú shì xuésheng.　　　（全員が教員の場合など）
- 他们　不　都　是　学生。　　　彼らはみなが学生というわけではありません。
  Tāmen bù dōu shì xuésheng.　　　（学生のなかに教員が含まれる場合など）

また、"也" や "都" は常に主語にかかるとは限らず述語や動作の対象をあらわす部分にかかることもあるので、注意しましょう。

- 我　去　上海，他　也　去　上海。　　私は上海に行く、彼も上海に行く。
  Wǒ qù Shànghǎi, tā yě qù Shànghǎi.
- 我　去　上海，也　去　北京。　　　　私は上海に行き、北京にも行く。
  Wǒ qù Shànghǎi, yě qù Běijīng.
- 他们　都　吃　了　桌子上　的　饼干。　彼らはみな（全員）机の上のクッキーを食べた。
  Tāmen dōu chī le zhuōzi shang de bǐnggān.
- 他们　把　桌子上　的　饼干　都　吃　了。　彼らは机の上のクッキーをみんな（全部）食べた。
  Tāmen bǎ zhuōzi shang de bǐnggān dōu chī le.

第 2 课　　您 贵姓？
Dì　èr　kè　　Nín　guìxìng?

我有一个中国朋友，他叫李龙。他的专业是亚洲经济。认识他非常高兴。

高木：**您 贵姓？**
Nín　guìxìng?

李龙：**我 姓 李，叫 李 龙。**
Wǒ xìng Lǐ, jiào Lǐ Lóng.

高木：**我 叫 高木 爱。**
Wǒ jiào Gāomù Ài.

李龙：**这 是 什么 书？**
Zhè shì shénme shū?

高木：**这 是 我们 的 汉语 课本。**
Zhè shì wǒmen de Hànyǔ kèběn.

李龙：**是 吗？ 我们 一起 学习 吧！**
Shì ma? Wǒmen yìqǐ xuéxí ba!

あなたのお名前は？

　私には中国人の友人がいて、彼は李龍という名前です。彼の専攻はアジア経済です。彼と知り合えてとっても嬉しいです。

高木：　あなたのお名前は？
李龍：　私は李という姓で、李龍といいます。
高木：　私は高木愛といいます。
李龍：　これは何の本ですか？
高木：　これは私たちの中国語のテキストです。
李龍：　そうですか。私たち一緒に勉強しましょう！

新出語句

1.	贵姓	guìxìng	お名前は？　姓をたずねる言い方
2.	姓	xìng	姓を〜という
3.	叫	jiào	名前を〜という
4.	李龙	Lǐ Lóng	李 龍
5.	高木爱	Gāomù Ài	高木 愛
6.	这	zhè	これ、この
7.	什么	shénme	なに、どんな
8.	书	shū	本
9.	汉语	Hànyǔ	中国語
10.	课本	kèběn	テキスト、教科書
11.	是吗	shì ma	そうですか
12.	一起	yìqǐ	いっしょに
13.	学习	xuéxí	勉強する
14.	吧	ba	文末の助詞、提案・やわらかい命令・推量などをあらわす

導入文の語句

1)	有	yǒu	ある、いる、持っている
2)	一个	yí ge	1人、ひとつ
3)	朋友	péngyou	友だち
4)	专业	zhuānyè	専門、専攻
5)	亚洲	Yàzhōu	アジア
6)	认识	rènshi	知り合う
7)	非常	fēicháng	非常に、とても
8)	高兴	gāoxìng	嬉しい

 **ポイント**

1. 名前のいいかた

姓のいいかた　　　① 您贵姓？　　　Nín guìxìng?

　　　　　　　　　── 我姓高木。　Wǒ xìng Gāomù.

フルネームのいいかた ② 你叫什么名字？　　　　　　　　◆名字：名前
　　　　　　　　　　Nǐ jiào shénme míngzi?

　　　　　　　　　── 我叫高木爱。　Wǒ jiào Gāomù Ài.

✎ ＿＿＿＿＿＿＿＿＿＿＿＿＿？── ＿＿＿＿＿＿＿＿＿＿＿＿＿＿。

　　彼は何という名前ですか？── 彼は李龍という名前です。

2. 動詞述語文　　主語 ＋ 動詞 ＋ 目的語

　否定文（～しない）は動詞の前に"不"を、疑問文は文末に"吗"をつける。答えは動詞の部分で答える。

③ 我去学校。　　　Wǒ qù xuéxiào.　　　　　　　　◆去：行く

④ 我不去学校。　　Wǒ bú qù xuéxiào.

⑤ 你去学校吗？　　Nǐ qù xuéxiào ma?

⑥（你去不去学校？　Nǐ qù bu qù xuéxiào?）

　── 去。／不去。　Qù. / Bú qù.

✎ ＿＿＿＿＿＿＿＿＿＿＿＿＿＿＿＿＿。私たちは中国語を学びます。

✎ ＿＿＿＿＿＿＿＿＿＿＿＿＿＿＿＿＿。彼は中国に行きません。

疑問詞を用いるときは"吗"はつけない。

⑦ 你看什么书？　Nǐ kàn shénme shū?　　　　　　　◆看：読む、見る

"什么"のあとに名詞がつづくときは"的"は不要よ。
"什么书"…なんの本、どんな本

3. 人や事物をあらわす代名詞

		単　数	複　数
近称	これ・それ	这 zhè　（这个 zhège）	这些 zhèxiē
遠称	それ・あれ	那 nà　（那个 nàge）	那些 nàxiē
疑問詞	どれ	哪 nǎ　（哪个 nǎge）	哪些 nǎxiē
	なに	什么 shénme	

　　　　　　　　　"这个""那个"は、うしろに名詞がつづいて「この〜」「その〜」「あの〜」というときや、動詞の目的語として「これ」「それ」「あれ」というときに用いる表現。
　　　　　　　　　☞ 📖 くわしい解説「この〜」「その・あの〜」「どの〜」p.37、第9課1

"这是 Zhè shì 〜 "（これは〜です）　　　"那是 Nà shì 〜 "（あれは／それは〜です）

⑧ 这是我的词典。　　Zhè shì wǒ de cídiǎn.　　　　　　♦ 词典：辞書

⑨ 这不是词典。　　　Zhè bú shì cídiǎn.

⑩ 那是什么？　　　　Nà shì shénme?

4. "吧 ba"

文末の語気助詞。提案（〜しましょう）・やわらかい命令（〜して下さいよ）・推量（〜でしょう？）などを表す。

⑪ 我们一起念吧！　　Wǒmen yìqǐ niàn ba!　　　　　♦ 念：声に出して読む

⑫ 你们念课文吧。　　Nǐmen niàn kèwén ba.　　　　　♦ 课文：教科書の本文

⑬ 他是留学生吧？　　Tā shì liúxuéshēng ba?

会話コーナー

1) A：您 贵姓？

   B：我 姓 _____，叫 _____。

2) A：这 是 什么？

   B：这 是 _____。

   A：这 是 你 的 _____ 吗？

   B：是的。／不 是，这 是 _____ 的。

课本	kèběn	
手机	shǒujī	◆ 携帯電話
笔	bǐ	◆ ペン
书包	shūbāo	◆ かばん

3) A：我们 一起 _____ 吧！

   B：好 啊！

学习 汉语	xuéxí Hànyǔ	
去 图书馆	qù túshūguǎn	◆ 図書館に行く
吃 饭	chī fàn	◆ ごはんを食べる
回 家	huí jiā	◆ 家に帰る

◆ 好啊 hǎo a：いいですよ

 練習問題

1．次のピンインを中国語（簡体字）にし、日本語に訳しなさい。
   (1) Zhè shì wǒ de shū.
   (2) Nǐ jiào shénme míngzi?
   (3) Wǒmen yìqǐ qù túshūguǎn ba!

2．中国語に訳し、ピンインを書いて発音しなさい。
   (1) 私は〔　　　〕という姓で、〔　　　〕という名前です。
   (2) これはあなたの携帯電話ですか？
   (3) 私たちは一緒にご飯を食べましょう。

 3．次の中国語の質問に対して中国語で答えなさい。
   (1)
   (2)
   (3)

名前の呼び方

　日本語では相手の名前に「〜さん」「〜君」「〜ちゃん」などを付けて呼びますが、中国語は直接フルネームで呼びます。年下や同世代の友人・親戚などを親しみを込めて呼ぶ場合は、苗字や下の名前に"小 xiǎo 〜"を付けたり、下の名前を繰り返したりします。年上の相手を尊敬を込めて呼ぶ場合は、苗字に"老 lǎo 〜"を付けて呼ぶこともあります。

　　　　　　　　　　同世代や年下　　　　　　　　"小李　Xiǎo Lǐ"
　　　　　　　　　　親しみをこめた呼び方　→　　"小龙　Xiǎo Lóng"
　　　李　龙　　　　　　　　　　　　　　　　　　"龙龙　Lóng Lóng"

　　　　　　　　　　年上・年配の人
　　　　　　　　　　尊敬をこめた呼び方　→　　　"老李　Lǎo Lǐ"

　また、尊称として"〜先生 xiānsheng"（多くは男性に対して）や"〜女士 nǚshì"（女性に対して）という表現もあります。

中国人に多い姓

　　　李 Lǐ　　　王 Wáng　　　张 Zhāng　　　刘 Liú　　　杨 Yáng　　　赵 Zhào
　　　（李）　　　（王）　　　 （張）　　　 （劉）　　　（楊）　　　 （趙）

第 3 课　　今天 天气 真 好！
Dì　sān　kè　　Jīntiān　tiānqì　zhēn　hǎo!

今天天气很好。我们一边看樱花，一边聊天儿。龙龙说中国也有樱花。

高木：今天 天气 真 好！
　　　Jīntiān tiānqì zhēn hǎo!

李龙：嗯，很 舒服。
　　　Ǹg, hěn shūfu.

高木：你 看，樱花 真 漂亮！
　　　Nǐ kàn, yīnghuā zhēn piàoliang!

李龙：我 很 喜欢 日本 的 樱花。
　　　Wǒ hěn xǐhuan Rìběn de yīnghuā.

高木：中国 也 有 樱花 吗？
　　　Zhōngguó yě yǒu yīnghuā ma?

李龙：有，不过 不 太 多。
　　　Yǒu, búguò bú tài duō.

今日はお天気が本当にいいです！

　今日は天気がいいです。私たちは桜の花を見ながらおしゃべりをしています。龍くんは中国にも桜があると言います。

高木：　今日はお天気が本当にいいです！
李龍：　うん、とても気持ちがいいです。
高木：　見て、桜が本当にきれいです！
李龍：　私は日本の桜がとても好きです。
高木：　中国にも桜がありますか？
李龍：　あります、でもあまり多くないです。

新出語句
A48

1.	今天	jīntiān	今日
2.	天气	tiānqì	天気
3.	真	zhēn	本当に
4.	好	hǎo	良い
5.	嗯	ǹg	うん（肯定・承諾）
6.	很	hěn	とても
7.	舒服	shūfu	気持ちがいい、心地よい、快適だ
8.	看	kàn	見る
9.	樱花	yīnghuā	桜
10.	漂亮	piàoliang	美しい、きれいだ
11.	喜欢	xǐhuan	好きだ
12.	有	yǒu	ある、いる、持っている
13.	不过	búguò	でも
14.	不太	bú tài	あまり～でない
15.	多	duō	多い

導入文の語句
A49

1)	一边～一边…	yìbiān~yìbiān…	～しながら…する
2)	聊天儿	liáo tiānr	しゃべる、雑談する
3)	说	shuō	話す、言う

 **ポイント**

1. 形容詞述語文　　主語 ＋ 程度副詞（"很"など）＋ 形容詞

一般に肯定文の前には"很"など程度をあらわす副詞が必要。

否定文は形容詞の前に"不"を、疑問文は文末に"吗"をつける。答えは形容詞の部分で答える。

① 今天很**热**。　　　Jīntiān hěn rè.　　　　　◆ 热：暑い

② 今天**不热**。　　　Jīntiān bú rè.

③ 今天**热吗**？　　　Jīntiān rè ma?

④ （今天**热不热**？　Jīntiān rè bu rè?）

　　── 很热。／不热。　Hěn rè. / Bú rè.

日本語で「とても」と言わなくてもふつうの形容詞の肯定文には"很"をつけるようにしてね。

疑問詞を用いるときは"吗"はつけない。

⑤ 今天天气**怎么样**？　Jīntiān tiānqì zěnmeyàng?　　◆ 怎么样：どうですか

"很"などの程度副詞がないと、他と対比するニュアンスになる。

⑥ 夏天热，冬天冷。　Xiàtiān rè, dōngtiān lěng.　　◆ 夏天：夏　◆ 冬天：冬
　　　　　　　　　　　　　　　　　　　　　　　　◆ 冷：寒い

⑦ 中国大，日本小。　Zhōngguó dà, Rìběn xiǎo.　　◆ 大：大きい　◆ 小：小さい

2. 程度副詞

肯定文で用いる"很"、否定文で用いる"不"のほか、形容詞には次のような程度副詞をよく使う。

不　太～	比较	非常	特别	最	真～！	太～了！
bú　tài	bǐjiào	fēicháng	tèbié	zuì	zhēn	tài　le
（あまり～ない）	（わりと）	（非常に）	（特に）	（最も）	（本当に）	（～すぎる）

✎ _____。　今日は天気があまりよくない。

✎ _____！
あなたの中国語は本当に上手ですね！　　　　　　　　◆ 好 hǎo：上手だ、よい

3. "喜欢 xǐhuan" （～が好きだ）

目的語（名詞・動詞・フレーズ）をとることができ、"很"などの程度副詞で修飾できる。

⑧ 我喜欢（吃）中国菜。
　 Wǒ xǐhuan (chī) Zhōngguócài.
　　　　　　　　　　　　　　　　　◆ 吃：食べる
　　　　　　　　　　　　　　　　　◆ 中国菜：中華料理

⑨ 我不太喜欢（喝）咖啡。
　 Wǒ bú tài xǐhuan (hē) kāfēi.
　　　　　　　　　　　　　　　　　◆ 喝：飲む
　　　　　　　　　　　　　　　　　◆ 咖啡：コーヒー

⑩ 你喜欢喝什么？
　 Nǐ xǐhuan hē shénme?

✎ _____。
　 私は中国語を勉強することが好きだ。

✎ _____？ あなたは中華料理が好きですか？

4. "有 yǒu ～" （～がある／～をもっている）　否定文は "没有 méiyǒu ～"

⑪ 我有电脑。　　　　Wǒ yǒu diànnǎo.　　　　◆ 电脑：パソコン

⑫ 我没有电脑。　　　Wǒ méiyǒu diànnǎo.

⑬ 你有电脑吗？　　　Nǐ yǒu diànnǎo ma?

⑭ （你有没有电脑？　Nǐ yǒu méiyǒu diànnǎo?)

　　　── 有。／ 没有。　Yǒu. / Méiyǒu.

⑮ 京都有很多寺庙。　Jīngdū yǒu hěn duō sìmiào.　　◆ 很多：たくさんの
　　　　　　　　　　　　　　　　　　　　　　　　　◆ 寺庙：寺
⑯ 我的衣服没有口袋。Wǒ de yīfu méiyǒu kǒudài.　　◆ 衣服：服
　　　　　　　　　　　　　　　　　　　　　　　　　◆ 口袋：ポケット

✎ _____。
　 私たちの大学にはたくさんの中国人留学生がいる。

会話コーナー

1) A：今天 天气 怎么样？

B：＿＿＿＿＿＿＿＿＿＿＿＿＿＿。

好	hǎo	
舒服	shūfu	
热	rè	
冷	lěng	
暖和	nuǎnhuo	♦暖かい
凉快	liángkuai	♦涼しい

2) A：你 喜欢 ＿＿＿＿＿＿＿＿＿＿ 吗？

B：＿＿＿＿＿＿＿＿＿＿＿＿＿＿。

汉语	Hànyǔ	
体育运动	tǐyùyùndòng	♦スポーツ
看 电影	kàn diànyǐng	♦映画をみる
唱 歌	chàng gē	♦歌をうたう

3) A：你 喜欢 ＿＿＿＿＿＿ 什么？

B：我 喜欢 ＿＿＿＿＿＿＿＿＿＿。

吃 chī：中国菜	Zhōngguócài	
日本菜	Rìběncài	
意大利菜	Yìdàlìcài	♦イタリア料理
面包	miànbāo	♦パン
面条	miàntiáo	♦めん類

喝 hē：咖啡	kāfēi	
红茶	hóngchá	
绿茶	lǜchá	
牛奶	niúnǎi	♦牛乳
可乐	kělè	♦コーラ

4) A：你 有 ＿＿＿＿＿＿＿＿＿＿ 吗？

B：＿＿＿＿＿＿＿＿＿＿＿＿＿＿。

中国朋友	Zhōngguó péngyou	♦中国人の友だち
电脑	diànnǎo	
自行车	zìxíngchē	♦自転車

練習問題

1．次のピンインを中国語（簡体字）にし、日本語に訳しなさい。
  (1) Jīntiān bú tài rè.
  (2) Rìběn yǒu hěn duō yīnghuā.
  (3) Wǒ bù xǐhuan chàng gē.

2．中国語に訳し、ピンインを書いて発音しなさい。
  (1) あなたは中国語のテキストを持っていますか？
  (2) 今日は本当に暑い。
  (3) あなたはアメリカ映画を見るのが好きですか？　　　◆ 美国 Měiguó：アメリカ

A50

3．次の中国語の質問に対して中国語で答えなさい。
  (1)
  (2)
  (3)

食べもの・飲みもののいろいろ

寿司	shòusī	寿司	咖啡	kāfēi	コーヒー
天妇罗	tiānfùluó	天ぷら	红茶	hóngchá	紅茶
生鱼片	shēngyúpiàn	さしみ	乌龙茶	wūlóngchá	ウーロン茶
麻婆豆腐	mápódòufu	マーボー豆腐	绿茶	lǜchá	緑茶
青椒肉丝	qīngjiāoròusī	チンジャオロース	麦茶	màichá	麦茶
炒饭	chǎofàn	チャーハン	茉莉花茶	mòlìhuāchá	ジャスミン茶
饺子	jiǎozi	ギョーザ	果汁	guǒzhī	ジュース
拉面	lāmiàn	ラーメン	汽水	qìshuǐ	サイダー
比萨饼	bǐsàbǐng	ピザ	可乐	kělè	コーラ
汉堡包	hànbǎobāo	ハンバーガー	牛奶	niúnǎi	牛乳
意大利面	Yìdàlìmiàn	パスタ	啤酒	píjiǔ	ビール
咖喱饭	gālífàn	カレーライス	葡萄酒	pútaojiǔ	ワイン
蛋糕	dàngāo	ケーキ			

第 4 课　　他 今年 多 大？
Dì　sì　kè　　　Tā　jīnnián　duō　dà?

龙龙有一个哥哥，我看了他的照片。龙龙还有两个妹妹，她们都是高中生。

高木：这 是 谁？
　　　Zhè shì shéi?

李龙：这 是 我 哥哥。
　　　Zhè shì wǒ gēge.

高木：他 今年 多 大？
　　　Tā jīnnián duō dà?

李龙：今年 二十五 岁。
　　　Jīnnián èrshíwǔ suì.

高木：你 有 几 个 兄弟姐妹？
　　　Nǐ yǒu jǐ ge xiōngdì jiěmèi?

李龙：我 有 一 个 哥哥 和 两 个 妹妹。
　　　Wǒ yǒu yí ge gēge hé liǎng ge mèimei.

彼は今年何歳ですか？

　　龍くんにはお兄さんが1人いて、私は彼の写真を見ました。龍くんにはさらに妹が2人いて、2人とも高校生です。

高木： これは誰ですか？
李龍： これは私の兄です。
高木： 彼は今年何歳ですか？
李龍： 今年25歳です。
高木： あなたは何人兄弟がいますか？
李龍： 私は兄が1人と妹が2人います。

新出語句
A55

1. 谁　　　　shéi　　　　　　　誰
2. 哥哥　　　gēge　　　　　　　お兄さん、兄
3. 今年　　　jīnnián　　　　　　今年
4. 多大　　　duō dà　　　　　　何歳、年齢をたずねる表現
　　　　　　　　　　　　　　　 "多"は「どのくらい」、"大"は「大きい、年上である」
5. ～岁　　　suì　　　　　　　　～歳
6. 几　　　　jǐ　　　　　　　　 いくつ（10以下の少ない数や序数をたずねる）
7. ～个　　　ge　　　　　　　　 ～個、～人（ものや人を数える量詞）
8. 兄弟姐妹　xiōngdì jiěmèi　　　兄弟姉妹
9. ～和…　　hé　　　　　　　　 ～と…
10. 两　　　 liǎng　　　　　　　2、ふたつ
11. 妹妹　　 mèimei　　　　　　 妹

導入文の語句
A56

1) 了　　　 le　　　　　　　　 ～した（動作の完了や実現をあらわす）☞第5課2
2) 照片　　 zhàopiàn　　　　　 写真
3) 还　　　 hái　　　　　　　　さらに、そのうえ
4) 高中生　 gāozhōngshēng　　　高校生

1. 親族名称

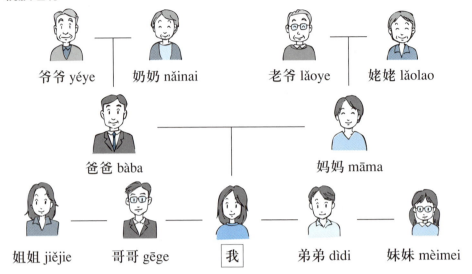

何人家族かたずねるいいかた

① 你家有几口人？　Nǐ jiā yǒu jǐ kǒu rén?　　　♦口：家族の人数を数える量詞
　　　　　　　　　　　　　　　　　　　　　　　♦人：人
　── 我家有四口人，有爸爸、妈妈、哥哥和我。
　　　Wǒ jiā yǒu sì kǒu rén, yǒu bàba, māma, gēge hé wǒ.

何人兄弟かたずねるいいかた

② 你有几个兄弟姐妹？　Nǐ yǒu jǐ ge xiōngdì jiěmèi?

　── 我有一个哥哥。　Wǒ yǒu yí ge gēge.

　── 我是独生子（独生女）。　　　　　♦独生子：一人っ子（男性）
　　　Wǒ shì dúshēngzǐ (dúshēngnǚ).　　♦独生女：一人っ子（女性）

2. 年齢のいいかた

一般的なたずねかた

③ 你今年多大？　　Nǐ jīnnián duō dà?

　── 我今年十八岁。　Wǒ jīnnián shíbā suì.

10歳くらいまでの子供には "几岁 jǐ suì"、目上の人には "多大年纪 duō dà niánjì" を使う。

口語では、年齢・年月日・曜日・時刻・値段など（数量に関わるもの）を説明するとき "是" を用いないことが多い。否定文は "不是" を使う。

3. 数字

一	二	三	四	五	六	七	八	九	十
yī	èr	sān	sì	wǔ	liù	qī	bā	jiǔ	shí

十一	十二	……	二十	……	九十九	一百	一千	一万	一亿
shíyī	shí'èr		èrshí		jiǔshíjiǔ	yìbǎi	yìqiān	yíwàn	yíyì

数字にはさまれた "十" は、軽声で発音することが多い。

◆ 亿：億

数えかた

一个	两个	三个	四个	五个	六个	七个	八个	九个	十个
yí ge	liǎng ge	sān ge	sì ge	wǔ ge	liù ge	qī ge	bā ge	jiǔ ge	shí ge

"个" は最もよく使われる量詞で、人やものを数える。
数量をいう場合は "二" ではなく "两"。

☞ その他の量詞は第9課1

数のたずねかた

④ 几 个　〔10以下の数〕
　　jǐ ge　いくつ

⑤ 多少（个）〔多い数〕
　　duōshao (ge)　どれだけ

数字 ＋ 量詞（个）＋ 名詞

⑥ 你吃几个面包？　Nǐ chī jǐ ge miànbāo?　　　　◆ 面包：パン
　　—— 我吃两个面包。　Wǒ chī liǎng ge miànbāo.

⑦ 你们大学有多少（个）留学生？
　　Nǐmen dàxué yǒu duōshao (ge) liúxuéshēng?
　　—— 有四百五十六个留学生。
　　Yǒu sìbǎi wǔshíliù ge liúxuéshēng.

✎ _____。彼にはお兄さんが2人いる。

✎ _____。
私たちのクラスは35人学生がいる。

◆ 班 bān：クラス

会話コーナー

1) A：你 今年 多大？

　　B：我 今年 ＿＿＿＿＿ 岁。

2) A：你 有 兄弟姐妹 吗？

　　B：＿＿＿＿＿＿＿＿＿＿＿＿＿。

3) A：我们大学 有 几 个 ＿＿＿＿＿？

　　B：有 ＿＿＿＿＿ 个 ＿＿＿＿＿。

食堂　shítáng
校园　xiàoyuán　◆キャンパス

4) A：我们大学 有 多少 学生？

　　B：有 ＿＿＿＿＿ 个 学生。

 練習問題

1．次のピンインを中国語（簡体字）にし、日本語に訳しなさい。
　（1）　Nǐ yǒu jiějie ma?
　（2）　Wǒ jiā yǒu wǔ kǒu rén.
　（3）　Nǐ dìdi jīnnián duō dà?

2．中国語に訳し、ピンインを書いて発音しなさい。
　（1）　これは私の父で、これは私の母です。
　（2）　私は兄が1人と姉が2人います。
　（3）　私たちの大学にはキャンパスが3つあります。

 3．次の中国語の質問に対して中国語で答えなさい。
　（1）
　（2）
　（3）

 くわしい解説

「この〜」「その・あの〜」「どの〜」

「この〜」「その・あの〜」「どの〜」という場合、"这""那""哪"と名詞のあいだに量詞を挟む必要があります。

☞ 第9課1「量詞」

- 这个人　　　zhè ge rén　　　（この人）
- 那杯茶　　　nà bēi chá　　　（そのお茶）
- 哪本书　　　nǎ běn shū　　　（どの本）

"个"は人や物を数える量詞で、最も広く使われます。"杯"はコップに入ったもの、"本"は冊子状のものを数える量詞です。

名詞は前後の文脈によって省略することができます。

- 这个（人）是我哥哥。　　Zhè ge (rén) shì wǒ gēge.　　この人は私の兄です。
- 那杯（茶）很好喝。　　　Nà bēi (chá) hěn hǎohē.　　そのお茶はおいしい。
- 哪本（书）最好？　　　　Nǎ běn (shū) zuì hǎo?　　　どの本が一番いいですか？

"这是〜"（これは〜です）、"那是〜"（それは／あれは〜です）は、"这""那"の後ろの量詞（+名詞）が省略された形です。

- 这个面包是我的。　　Zhè ge miànbāo shì wǒ de.　　このパンは私のです。
- 这个　　　是我的。　　Zhè ge　　　　　shì wǒ de.　　これは私のです。
- 这　　　　是我的。　　Zhè　　　　　　shì wǒ de.　　これは私のです。

ただし、形容詞述語文の主語や動詞の目的語などは、量詞を省略することはできません。

- ○这个面包很好吃。　　Zhè ge miànbāo hěn hǎochī.　　このパンはおいしい。
- ○这个很好吃。　　　　Zhè ge hěn hǎochī.　　　　　　これはおいしい。
- ×这很好吃。
- ○我喝这杯茶。　　　　Wǒ hē zhè bēi chá.　　　　　　私はこのお茶を飲む。
- ○我喝这杯。　　　　　Wǒ hē zhè bēi.　　　　　　　　私はこれを飲む。
- ×我喝这。

疑問詞の"哪"は、"哪是"という言い方はありません。

- ○哪个是你的？　　Nǎ ge shì nǐ de?　　どれがあなたのですか？
- ×哪是你的？

第 5 课　去食堂吃饭吧。
Dì　wǔ　kè　　Qù shítáng chī fàn ba.

我们肚子饿极了。今天食堂有什么菜呢？这个时间有座位吗？

高木：**现在几点？**
　　　Xiànzài jǐ diǎn?

李龙：**十二点十分。**
　　　Shí'èr diǎn shí fēn.

高木：**你吃饭了吗？**
　　　Nǐ chī fàn le ma?

李龙：**还没吃。**
　　　Hái méi chī.

高木：**那，我们去食堂吃饭吧。**
　　　Nà, wǒmen qù shítáng chī fàn ba.

李龙：**好，走吧。**
　　　Hǎo, zǒu ba.

食堂へご飯を食べに行きましょうよ。

　私たちはとってもおなかがすいた。今日は食堂にはどんな料理があるかなぁ。この時間は空いている席があるかなぁ。

高木：　いま何時ですか？
李龍：　12時10分です。
高木：　ご飯を食べましたか？
李龍：　まだ食べていません。
高木：　じゃあ、食堂へご飯を食べに行きましょうよ。
李龍：　いいですよ、行きましょう。

新出語句
A62

1.	现在	xiànzài	いま
2.	几点	jǐ diǎn	何時
3.	~点	diǎn	~時
4.	~分	fēn	~分
5.	吃	chī	食べる
6.	吃饭	chī fàn	ご飯を食べる
7.	了	le	~した（動作の完了や実現をあらわす）
8.	还(没)	hái (méi)	まだ（~していない）
9.	没	méi	~していない、~しなかった
10.	那	nà	それでは、では
11.	去	qù	行く
12.	食堂	shítáng	食堂
13.	好	hǎo	はい（同意、承諾）
14.	走	zǒu	行く（その場から離れる、発つ）

導入文の語句
A63

1)	肚子	dùzi	おなか
2)	饿	è	おなかがすく
3)	~极了	jí le	きわめて（形容詞の後ろ、程度が最高であることを示す）
4)	菜	cài	料理
5)	呢	ne	文末の助詞、疑問詞疑問文につけて語気をやわらげる
6)	时间	shíjiān	時間
7)	座位	zuòwèi	座席

ポイント

1. 時刻の表現

一 点　　两 点　　三 点 零 五 分　　｛ 五 点 十 五 分　　｛ 六 点 三 十 分
yī diǎn　liǎng diǎn　sān diǎn líng wǔ fēn　　wǔ diǎn shíwǔ fēn　　liù diǎn sānshí fēn
　　　　　　　　　　　　　　　　　　　　　五　点　一　刻　　　　六　点　半
　　　　　　　　　　　　　　　　　　　　　　yí kè　　　　　　　　　　　bàn

♦ 零：ゼロ
♦ 一刻：15分

早上	晚上	上午	中午	下午
zǎoshang	wǎnshang	shàngwǔ	zhōngwǔ	xiàwǔ
（あさ）	（よる）	（午前）	（正午）	（午後）

時刻のたずねかた

① 现在几点？　Xiànzài jǐ diǎn?

2. 動詞＋"了 le"（～した）　"没(有) méi(yǒu)"＋動詞（～していない、しなかった）

"了"は、動作を表す動詞（＋目的語）の後ろにつけて、動作の完了や実現を表す。

② 我吃饭了。　　　　Wǒ chī fàn le.
③ 我没吃饭。　　　　Wǒ méi chī fàn.
④ 你吃饭了吗？　　　Nǐ chī fàn le ma?
⑤ (你吃饭了没有？　　Nǐ chī fàn le méiyǒu?)
　—— 吃了。／没吃。　Chī le. / Méi chī.

肯定文・疑問文では"已经 yǐjīng"（すでに、もう）、否定文では"还 hái"（まだ）という副詞もよく使われる。

⑥ 他已经吃饭了。　　Tā yǐjīng chī fàn le.
⑦ 他还没吃饭。　　　Tā hái méi chī fàn.

✏ _____。 弟はもう学校に行った。

♦ 学校 xuéxiào：学校

✏ _____。 彼はまだ来ていない。

♦ 来 lái：来る

3. "去 qù" ＋ 場所 ＋ 動詞 （～へ行って…する／～へ…しに行く）
　　"来 lái"　　　　　　　（～へ来て…する／～へ…しに来る）

⑧ 我去　　　吃饭。　　Wǒ qù　　　　chī fàn.
⑨ 我去 食堂 吃饭。　　Wǒ qù shítáng　chī fàn.
⑩ 他来　　　买饮料。　Tā lái　　　　mǎi yǐnliào.　　♦ 买：買う
⑪ 他来 便利店 买饮料。Tā lái biànlìdiàn mǎi yǐnliào.　♦ 饮料：飲みもの
　　　　　　　　　　　　　　　　　　　　　　　　　　♦ 便利店：コンビニ

✏ _____。
彼は日本へ日本語を学びに来る。

♦ 日语 Rìyǔ：日本語

✏ _____？
あなたはコンビニへ何を買いに行きますか？

4. "去" と "走"
　"去" は「ある目的地に向かって行く」という意味で、目的語（場所をあらわす名詞）や動詞（＋目的語）を続けることができる。"走" は「その場から離れる」「発つ」というニュアンスで、目的地を目的語にとることができない。

⑫ 他去美国。　　　Tā qù Měiguó.　　　　　♦ 美国：アメリカ
⑬ 他去学习英语。　Tā qù xuéxí Yīngyǔ.　　♦ 英语：英語
⑭ 慢走！　　　　　Mànzǒu!　（お気をつけて！）　♦ 慢：ゆっくり、スピードが遅い
⑮ 走吧！　　　　　Zǒu ba!　（行きましょう！）

会話コーナー

1) A：现在 几 点？

　　B：_____。

2) A：你 每天 几 点 _____？　　　　◆ 每天 měitiān：毎日

　　B：我 每天 _____ 点 _____。

起床	qǐ chuáng	◆ 起きる
睡觉	shuì jiào	◆ 寝る
来学校	lái xuéxiào	
回家	huí jiā	◆ 家に帰る

3) A：你 昨天 _____ 了 吗？　　◆ 昨天 zuótiān：昨日

　　B：_____。

学习 汉语	xuéxí Hànyǔ	
看 电视	kàn diànshì	◆ テレビを見る
做 作业	zuò zuòyè	◆ 宿題をする
去 打 工	qù dǎ gōng	◆ アルバイトに行く

4) A：你 去 哪儿 吃 午饭？　　◆ 哪儿 nǎr：どこ
　　　　　　　　　　　　　　　◆ 午饭 wǔfàn：昼ご飯

　　B：我 去 _____ _____。

食堂	shítáng	
中餐厅	Zhōngcāntīng	◆ 中華料理のレストラン
咖啡厅	kāfēitīng	◆ カフェ

42　第5课　去食堂吃饭吧。

練習問題

1．次のピンインを中国語（簡体字）にし、日本語に訳しなさい。

　　(1)　Wǒ měitiān qī diǎn qǐ chuáng.

　　(2)　Wǒ qù Zhōngcāntīng chī fàn.

　　(3)　Wǒ zuótiān qù dǎ gōng le.

2．中国語に訳し、ピンインを書いて発音しなさい。

　　(1)　私たち一緒に中国へ中国語を学びに行きましょうよ。

　　(2)　私は毎日10時に寝ます。

　　(3)　彼はまだ学校に来ていません。

3．次の中国語の質問に対して中国語で答えなさい。

　　(1)

　　(2)

　　(3)

◆ 一日の生活

一日の生活について話しましょう。

7:00	7:40	8:40	9:00	12:30
起 床 qǐ chuáng	吃 早饭 chī zǎofàn	来 学校 lái xuéxiào	上 课 shàng kè	吃 午饭 chī wǔfàn

17:45	21:15	21:30	22:30	23:55
去 打 工 qù dǎ gōng	回 家 huí jiā	吃 晚饭 chī wǎnfàn	洗 澡 xǐ zǎo	睡 觉 shuì jiào

你 每天 几 点 ＿＿＿＿＿＿?
Nǐ měitiān jǐ diǎn ＿＿＿＿＿＿?

我 每天 ＿＿＿ 点 ＿＿＿＿。
Wǒ měitiān ＿＿＿ diǎn ＿＿＿＿

你 ＿＿＿＿＿ 以后 做 什么？
Nǐ ＿＿＿＿＿ yǐhòu zuò shénme?

我 ＿＿＿＿ 以后 ＿＿＿＿。
Wǒ ＿＿＿＿ yǐhòu ＿＿＿＿.

♦ ～以后 yǐhòu：～してから
♦ 做 zuò：～する

第6課を学習してから、会話の練習をしましょう。（☞練習帳は p.34）

◆ 日本地図　Rìběn dìtú

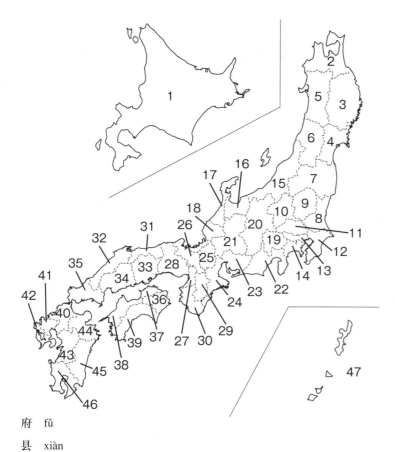

♦ 老家：実家
♦ 哪里人：どこの出身の人

你老家在哪儿？
Nǐ lǎojiā zài nǎr?

你是哪里人？
Nǐ shì nǎli rén?

你们学校在哪儿？
Nǐmen xuéxiào zài nǎr?

府　fǔ
县　xiàn

1	北海道	Běihǎidào	14	神奈川	Shénnàichuān	26	京都	Jīngdū
2	青森	Qīngsēn				27	大阪	Dàbǎn
3	岩手	Yánshǒu	15	新潟	Xīnxì	28	兵库	Bīngkù
4	宫城	Gōngchéng	16	富山	Fùshān	29	奈良	Nàiliáng
5	秋田	Qiūtián	17	石川	Shíchuān	30	和歌山	Hégēshān
6	山形	Shānxíng	18	福井	Fújǐng	31	鸟取	Niǎoqǔ
7	福岛	Fúdǎo	19	山梨	Shānlí	32	岛根	Dǎogēn
8	茨城	Cíchéng	20	长野	Chángyě	33	冈山	Gāngshān
9	栃木	Lìmù	21	岐阜	Qífù	34	广岛	Guǎngdǎo
10	群马	Qúnmǎ	22	静冈	Jìnggāng	35	山口	Shānkǒu
11	埼玉	Qíyù	23	爱知	Àizhī	36	德岛	Dédǎo
12	千叶	Qiānyè	24	三重	Sānchóng	37	香川	Xiāngchuān
13	东京	Dōngjīng	25	滋贺	Zīhè	38	爱媛	Àiyuán

39	高知	Gāozhī
40	福冈	Fúgāng
41	佐贺	Zuǒhè
42	长崎	Chángqí
43	熊本	Xióngběn
44	大分	Dàfēn
45	宫崎	Gōngqí
46	鹿儿岛	Lù'érdǎo
47	冲绳	Chōngshéng

食堂へご飯を食べに行きましょうよ。

第 6 课　　食堂 的 菜 怎么样？
Dì　liù　kè　　Shítáng de cài zěnmeyàng?

我们学校有两个食堂，饭菜的种类非常多。龙龙很喜欢吃日本的乌冬。

李龙： **食堂 在 哪儿？**
Shítáng zài nǎr?

高木： **在 地下 一 层。**
Zài dìxià yī céng.

李龙： **你 平时 在 食堂 吃 饭 吗？**
Nǐ píngshí zài shítáng chī fàn ma?

高木： **有时候 也 在 外边 吃。**
Yǒushíhou yě zài wàibian chī.

李龙： **食堂 的 菜 怎么样？**
Shítáng de cài zěnmeyàng?

高木： **很 好。 又 好吃 又 便宜。**
Hěn hǎo. Yòu hǎochī yòu piányi.

食堂の料理はどうですか？

　私たちの学校には食堂が2つあって、料理の種類がとても多い。龍くんは日本のうどんがとても好き。

李龍：　食堂はどこにありますか？
高木：　地下1階にあります。
李龍：　あなたはいつも食堂でご飯を食べますか？
高木：　外で食べるときもあります。
李龍：　食堂の料理はどうですか？
高木：　いいですよ。おいしくて安いです。

新出語句

1.	在	zài	〜にある、〜にいる／〜で
2.	哪儿（哪里）	nǎr (nǎli)	どこ
3.	地下	dìxià	地下
4.	一层	yī céng	1階
5.	平时	píngshí	ふだん、いつも
6.	有时候	yǒushíhou	あるときは〜、〜のときもある
7.	外边	wàibian	外
8.	怎么样	zěnmeyàng	どうですか
9.	又〜又…	yòu~yòu…	〜でもあり…でもある
10.	好吃	hǎochī	（食べ物が）おいしい
11.	便宜	piányi	安い

導入文の語句

1)	饭菜	fàncài	料理、ご飯とおかず
2)	种类	zhǒnglèi	種類
3)	乌冬	wūdōng	うどん

 **ポイント**

1. "**在** zài"〔場所〕（～にある、いる）　否定文は "**不在**"

① 请问，洗手间**在**哪儿？　　　　　　　　　　◆ 洗手间：お手洗い、トイレ
　　Qǐngwèn, xǐshǒujiān **zài** nǎr?

　―― **在**二层。　　Zài èr céng.

② 喂，王老师**在**吗？　Wéi, Wáng lǎoshī **zài** ma?　◆ 喂：もしもし

　―― **不在**，他去图书馆了。　　　　　　　◆ 图书馆：図書館
　　　Bú zài, tā qù túshūguǎn le.

✎ _____？―― _____。
　あなたは今どこにいますか？―― 学校にいます。　　◆ 学校 xuéxiào

✎ _____。　彼は日本にいません。

2. 場所をあらわす代名詞

近称	ここ・そこ	这儿 zhèr	这里 zhèli
遠称	そこ・あそこ	那儿 nàr	那里 nàli
疑問詞	どこ	哪儿 nǎr	哪里 nǎli

3. "**在** zài"〔場所〕＋ 動詞　（～で……する）

③ 他**在**图书馆看书。　Tā **zài** túshūguǎn kàn shū.

④ 我们**在**哪儿见面？　Wǒmen **zài** nǎr jiàn miàn?　◆ 见面：会う

⑤ 我们**不在**这儿上课。　Wǒmen **bú zài** zhèr shàng kè.　◆ 上课：授業を受ける、する

✎ _____？―― _____。
あなたはどこで中国語を学んでいますか？―― 大学で中国語を学んでいます。

48　第 6 课　食堂的菜怎么样？

4. 方角や位置をあらわすことば

上边 shàngbian	下边 xiàbian	前边 qiánbian	后边 hòubian	左边 zuǒbian	右边 yòubian	里边 lǐbian (中、内側)	外边 wàibian
旁边 pángbiān (となり)	对面 duìmiàn (向かい)	中间 zhōngjiān (真ん中)	东边 dōngbian	南边 nánbian	西边 xībian	北边 běibian	

"〜边"は"〜边儿 biānr""〜面 miàn"ともいう

⑥ 我们大学在京都站南边。　　　　　　　　　　♦ 京都站：京都駅
　　Wǒmen dàxué zài Jīngdūzhàn nánbian.

名詞のあとの"上边"と"里边"は、"上""里"一語（軽声で発音）で用いることが多い。

⑦ 我的手机在书包里。　Wǒ de shǒujī zài shūbāo li.　　♦ 手机：携帯電話
　　　　　　　　　　　　　　　　　　　　　　　　　　♦ 书包：かばん
⑧ 他的课本在桌子上。　Tā de kèběn zài zhuōzi shang.　♦ 桌子：つくえ

☞ 📖 くわしい解説「"在"のあとの名詞」p.134

重要！

中国語の語順（1）

今天　　　　在　食堂　　　　吃　饭。　　（今日は食堂でご飯を食べる。）
Jīntiān　　　zài　shítáng　　　chī　fàn.

| いつ（日時）　どこで（場所）　＋　何をする〔動詞〕 |

主語は、日時の前でも後ろでも OK。日本語に対応させて訳しましょう。

「誰と」「どうやって」などをいうフレーズや副詞も、動詞の前に置きます。

他　　经常　　跟　中国人　　用　汉语　　聊天儿。
Tā　jīngcháng　gēn　Zhōngguórén　yòng　Hànyǔ　liáo tiānr.
（彼はよく中国人と中国語でしゃべっている。）

　　　　　　　　　　　　♦ 经常：よく、しょっちゅう　♦ 用：使う
　　　　　　　　　　　　♦ 跟：〜と　　　　　　　　♦ 聊天儿：しゃべる

会話コーナー

キャンパスマップの単語を用いて会話しましょう。

◆ 校园 略图
　Xiàoyuán lüètú

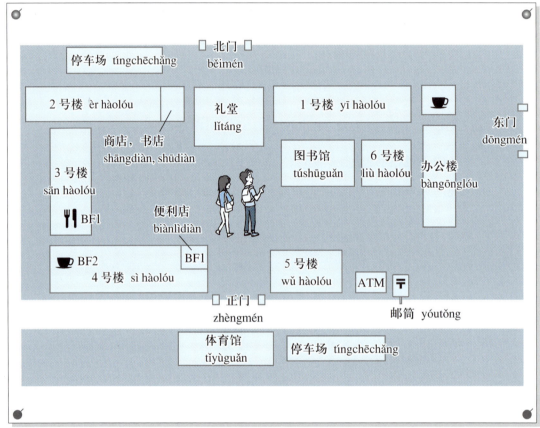

- ◆ 校园：キャンパス
- ◆ 略图：略図
- ◆ 咖啡厅：カフェ
- ◆ 食堂：食堂
- ◆ ～号楼：～号館
- ◆ 图书馆：図書館
- ◆ 体育馆：体育館
- ◆ 停车场：駐車場、駐輪場
- ◆ 礼堂：講堂、ホール
- ◆ 办公楼：事務棟
- ◆ 邮筒：ポスト
- ◆ 商店：店
- ◆ 书店：書店
- ◆ 便利店：コンビニ

1) A：＿＿＿＿＿＿ 在 哪儿？

   B：＿＿＿＿＿＿ 在 ＿＿＿＿＿＿＿＿＿＿＿＿＿＿。

咖啡厅	kāfēitīng	◆ カフェ
食堂	shítáng	
便利店	biànlìdiàn	◆ コンビニ
办公室	bàngōngshì	◆ 事務室
书店	shūdiàn	◆ 書店

2) A：你们 在 哪儿 上 课？

   B：我们 在 ＿＿＿＿＿＿ 上 课。

3) A：你 平时 在 哪儿 ＿＿＿＿＿＿？

   B：我 平时 在 ＿＿＿＿＿＿ ＿＿＿＿＿＿。

做 作业 zuò zuòyè：	◆ 宿題をする	吃 午饭 chī wǔfàn：
图书馆 túshūguǎn		食堂 shítáng
教室 jiàoshì		外边 wàibian
家 jiā		教室 jiàoshì

練習問題

1．次のピンインを中国語（簡体字）にし、日本語に訳しなさい。

（1） Wǒ jīntiān zài èr hàolóu shàng kè.

（2） Wǒmen dàxué de shítáng zài dìxià yī céng.

（3） Tāmen bú zài kāfēitīng.

2．中国語に訳し、ピンインを書いて発音しなさい。

（1） トイレは2階にあります。

（2） 図書館は8号館の隣にあります。

（3） 彼はどこでアルバイトをしていますか？　　　　　◆ 打工 dǎ gōng：アルバイトする

3．次の中国語の質問に対して中国語で答えなさい。

（1）

（2）

（3）

第 7 课　　你 去过 中华街 吗？
Dì　qī　kè　　　Nǐ　qùguo　Zhōnghuájiē　ma?

下星期天我跟龙龙一起去中华街。那里有很多中餐厅，味道非常地道。神户还有好吃的甜品、美丽的大海！

李龙：　**星期天 我们 去 神户 吧。**
　　　　Xīngqītiān wǒmen qù Shénhù ba.

高木：　**好 啊，我 想 去 中华街。**
　　　　Hǎo a, wǒ xiǎng qù Zhōnghuájiē.

李龙：　**中华街 有 很 多 好吃 的 东西。**
　　　　Zhōnghuájiē yǒu hěn duō hǎochī de dōngxi.

高木：　**太 好 了！ 我 想 吃 正宗 的 中国菜。**
　　　　Tài hǎo le! Wǒ xiǎng chī zhèngzōng de Zhōngguócài.

李龙：　**你 去过 中华街 吗？**
　　　　Nǐ qùguo Zhōnghuájiē ma?

高木：　**没 去过。**
　　　　Méi qùguo.

中華街へ行ったことがありますか？

　来週の日曜日、私は龍くんといっしょに中華街へ行きます。そこにはたくさんの中華料理屋さんがあって、味はとっても本格的。神戸にはおいしいスイーツやきれいな海もあります！

李龍：　日曜日に神戸へ行きましょう。
高木：　いいですよ、私は中華街に行きたいです。
李龍：　中華街にはたくさんおいしいものがあります。
高木：　すばらしい！　私は本場の中華料理が食べたいです。
李龍：　中華街へ行ったことがありますか？
高木：　行ったことがありません。

新出語句

1.	星期天（星期日）	xīngqītiān (xīngqīrì)	日曜日
2.	神户	Shénhù	神戸
3.	啊	a	文末の助詞、感嘆の語気をあらわす
4.	想	xiǎng	〜したい
5.	中华街	Zhōnghuájiē	中華街
6.	东西	dōngxi	もの
7.	正宗	zhèngzōng	本場の
8.	〜过	guo	〜したことがある

導入文の語句

1)	跟〜	gēn	〜と
2)	餐厅	cāntīng	レストラン
3)	味道	wèidào	味
4)	地道	dìdao	本場の、本格的である
5)	甜品	tiánpǐn	スイーツ
6)	美丽	měilì	美しい（書面語）
7)	大海	dàhǎi	海

ポイント

1. 曜日

星期一	星期二	星期三	星期四	星期五	星期六	星期天（星期日）	
xīngqī yī	èr	sān	sì	wǔ	liù	tiān	rì
（月曜日）	（火曜日）	（水曜日）	（木曜日）	（金曜日）	（土曜日）	（日曜日）	

"星期〜"は"礼拜 lǐbài〜"ともいう。

上(个)星期	这(个)星期	下(个)星期
shàng (ge) xīngqī	zhè(ge) xīngqī	xià (ge) xīngqī
(先週)	(今週)	(来週)

曜日のたずねかた

① 今天星期几？　　Jīntiān xīngqī jǐ?

※月日のたずねかた

② 今天几月几号？　　Jīntiān jǐ yuè jǐ hào?

2. "想 xiǎng" ＋ 動詞 （～したい）

動詞の前に置いて願望をあらわす。"很"などの程度副詞で修飾できる。

③ 我想去中国。　　　Wǒ xiǎng qù Zhōngguó.
④ 我很想去美国。　　Wǒ hěn xiǎng qù Měiguó.　　◆美国：アメリカ
⑤ 我不想吃辣的。　　Wǒ bù xiǎng chī là de.　　◆辣：からい
⑥ 你想回家吗？　　　Nǐ xiǎng huí jiā ma?　　◆回家：家に帰る
⑦ （你想不想回家？　Nǐ xiǎng bu xiǎng huí jiā?）

✎ _____。 私はご飯を食べに行きたい。

✎ _____？ あなたは何が飲みたいですか？

◆喝 hē：飲む

3. 動詞 ＋ "过 guo"（……したことがある）　否定文は "没(有) méi (yǒu)" ＋ 動詞 ＋ "过 guo"

⑧ 我去过中国。　　　Wǒ qùguo Zhōngguó.
⑨ 我没去过中国。　　Wǒ méi qùguo Zhōngguó.
⑩ 你去过中国吗？　　Nǐ qùguo Zhōngguó ma?
⑪ （你去过中国没有？　Nǐ qùguo Zhōngguó méiyǒu?）
　　── 去过。／ 没去过。　Qùguo. / Méi qùguo.

✎ _____。
私は中国映画を見たことがない。　　◆电影 diànyǐng：映画

✎ _____ ? —— _____。
　　彼女は中国語を学んだことがありますか？ —— ありません。

4. 名詞を修飾する "的 de"　　形容詞／動詞 ＋ "的" ＋ 名詞

形容詞や動詞を含む語で名詞を修飾する場合も、名詞の前に "的" が必要。

⑫ 漂亮的衣服　　piàoliang de yīfu　　　　　◆ 衣服：服
⑬ 他打工的地方　tā dǎ gōng de dìfang　　　◆ 打工：アルバイトする
　　　　　　　　　　　　　　　　　　　　　◆ 地方：ところ、場所
⑭ 我想吃好吃的面包。　　　　　　　　　　　◆ 面包：パン
　　Wǒ xiǎng chī hǎochī de miànbāo.
⑮ 我妈妈做的菜非常好吃。　　　　　　　　　◆ 做菜：料理を作る
　　Wǒ māma zuò de cài fēicháng hǎochī.

完了の意味が含まれる場合も "了" はつけない。経験をあらわす "过" はつける。

⑯ 昨天买的书　zuótiān mǎi de shū　　　　　◆ 买：買う
⑰ 去过的地方　qùguo de dìfang

✎ _____。これは彼が好きな料理です。

✎ _____。私が作ったパンはおいしくない。

💬 会話コーナー

1) A：你 想 去 哪儿 ?

　　B：我 想 去 _____，那里 _____。　　◆ 那里 nàli：そこ

　　　┌─────────────────────────────────────┐
　　　│ 奈良　　Nàiliáng　　大阪　Dàbǎn　　　神户　Shénhù │
　　　│ 北海道　Běihǎidào　　冲绳　Chōngshéng　　　　　　│
　　　└─────────────────────────────────────┘

　　　┌─────────────────────────────────────┐
　　　│ 有 很多 寺庙　　　　　yǒu hěn duō sìmiào　　　　│　◆ 寺庙：寺
　　　│ 有 很多 名胜古迹　　　yǒu hěn duō míngshèng gǔjì │　◆ 名胜古迹：名所旧跡
　　　│ 有 很多 好吃 的 东西　yǒu hěn duō hǎochī de dōngxi │
　　　│ 夜景 很 漂亮　　　　　yèjǐng hěn piàoliang　　　　│
　　　│ 大海 很 漂亮　　　　　dàhǎi hěn piàoliang　　　　 │
　　　└─────────────────────────────────────┘

2) A：你＿＿过＿＿＿＿＿吗？

B：＿＿＿＿＿＿＿＿＿＿。

去 qù：
中国　　Zhōngguó
韩国　　Hánguó　　◆韓国
北海道　Běihǎidào

吃 chī：
水饺　　　shuǐjiǎo　　　◆水ぎょうざ
北京烤鸭　Běijīng kǎoyā　◆北京ダック

看 kàn：
中国电影　Zhōngguó diànyǐng
棒球比赛　bàngqiú bǐsài　　◆野球の試合
足球比赛　zúqiú bǐsài　　　◆サッカーの試合

 練習問題

1．次のピンインを中国語（簡体字）にし、日本語に訳しなさい。

　　(1)　Jīntiān wǒ bù xiǎng qù xuéxiào.
　　(2)　Nǐ kànguo Zhōngguó diànyǐng ma?
　　(3)　Tā zuò de cài fēicháng hǎochī.

2．中国語に訳し、ピンインを書いて発音しなさい。
　　(1)　私の父は中国語を勉強したことがあります。
　　(2)　これは本場の日本料理です。
　　(3)　私は北海道に行きたいです。北海道にはたくさんおいしいものがあります。

 3．次の中国語の質問に対して中国語で答えなさい。
　　(1)
　　(2)
　　(3)

◆ カレンダー

カレンダーを指しながら、日付と曜日を言ってみましょう。

6 June

日	月	火	水	木	金	土
					1	2
3	4	5	6	7	8	9
10	11	12	13	14	15	16
17	18	19	20	21	22	23
24	25	26	27	28	29	30

今天 几月 几号？
Jīntiān jǐ yuè jǐ hào?

今天 星期几？
Jīntiān xīngqī jǐ?

你的生日 几月几号？
Nǐ de shēngrì jǐ yuè jǐ hào?

◆生日：誕生日

時をあらわすことば

| 早上
zǎoshang
（あさ） | 上午
shàngwǔ
（午前） | 中午
zhōngwǔ
（正午） | 下午
xiàwǔ
（午後） | 晚上
wǎnshang
（よる） | ～点 ～分
diǎn fēn
（～時～分） |

	前天 qiántiān （おととい）	昨天 zuótiān （昨日）	今天 jīntiān （今日）	明天 míngtiān （明日）	后天 hòutiān （あさって）
星期一 xīngqī yī （月曜日）	星期二 èr （火曜日）	星期三 sān （水曜日）	星期四 sì （木曜日）	星期五 wǔ （金曜日）	星期六 liù （土曜日）	星期天（日） tiān(rì) （日曜日）
	上(个)星期 shàng (ge) xīngqī （先週）		这(个)星期 zhè(ge) xīngqī （今週）		下(个)星期 xià (ge) xīngqī （来週）
	上(个)月 shàng (ge) yuè （先月）		这(个)月 zhè(ge) yuè （今月）		下(个)月 xià (ge) yuè （来月）
	前年 qiánnián （おととし）	去年 qùnián （去年）	今年 jīnnián （今年）	明年 míngnián （来年）	后年 hòunián （再来年）
哪年 nǎ nián （何年）	几月 jǐ yuè （何月）	几号 jǐ hào （何日）	星期几 xīngqī jǐ （何曜日）	几点 jǐ diǎn （何時）	几分 jǐ fēn （何分）	什么时候 shénme shíhou （いつ）

第 8 课　要多长时间？
Dì bā kè　Yào duō cháng shíjiān?

我家离学校很远，每天上学很辛苦。龙龙住在学校附近的宿舍，走着来学校。

李龙：你家离学校远不远？
　　　Nǐ jiā lí xuéxiào yuǎn bu yuǎn?

高木：很远。
　　　Hěn yuǎn.

李龙：你每天怎么来学校？
　　　Nǐ měitiān zěnme lái xuéxiào?

高木：我每天坐电车来学校。
　　　Wǒ měitiān zuò diànchē lái xuéxiào.

李龙：从你家到学校要多长时间？
　　　Cóng nǐ jiā dào xuéxiào yào duō cháng shíjiān?

高木：要一个半小时左右。
　　　Yào yí ge bàn xiǎoshí zuǒyòu.

どのくらい時間がかかりますか？

　　　私の家は学校から遠く、毎日通学が大変です。龍くんは学校の近くの宿舎に住んでいて、歩いて学校に来ます。

李龍：　あなたの家は学校から遠いですか？
高木：　遠いです。
李龍：　あなたは毎日どうやって学校へ来ますか？
高木：　毎日電車で学校へ来ます。
李龍：　あなたの家から学校までどのくらい時間がかかりますか？
高木：　1時間半ぐらいかかります。

新出語句

1.	离〜	lí	〜から（隔たり）
2.	学校	xuéxiào	学校
3.	远	yuǎn	遠い
4.	每天	měitiān	毎日
5.	怎么	zěnme	どのように、どう
6.	来	lái	来る
7.	坐	zuò	乗る
8.	电车	diànchē	電車
9.	从〜	cóng	〜から（起点）
10.	到〜	dào	〜まで
11.	要	yào	かかる、要する
12.	多长时间	duō cháng shíjiān	どのくらいの時間、"多"は「どのくらい」、"长"は「長い」
13.	半	bàn	半
14.	〜(个)小时	(ge) xiǎoshí	〜時間
15.	〜左右	zuǒyòu	〜ぐらい

導入文の語句

1)	上学	shàng xué	通学する、学校に行く
2)	辛苦	xīnkǔ	骨が折れる、大変だ
3)	住在〜	zhùzài	〜に住む
4)	附近	fùjìn	近く、附近
5)	宿舍	sùshè	宿舎、寮
6)	走着	zǒuzhe	歩いて

 **ポイント**

1. "离～ lí"（～から）

「～から遠い／近い」というときに使う。2点の隔たりをはかるための基準となる点をあらわす。

① 我家**离**学校很近。　　Wǒ jiā **lí** xuéxiào hěn jìn.　　　　♦ 近：近い

② 机场**离**这儿非常远。　　Jīchǎng **lí** zhèr fēicháng yuǎn.　♦ 机场：空港

✎ _____。

　私たちの学校は京都駅からあまり遠くない。　　　　　　　　♦ 京都站 Jīngdūzhàn：京都駅

2. "怎么 zěnme" + 動詞 （どのように、どう）　手段や方法をたずねる表現

③ 你的名字**怎么**念？　　　　　　　　　　　　♦ 名字：名前
　 Nǐ de míngzi **zěnme** niàn?　　　　　　　　♦ 念：声に出して読む

④ 这个用汉语**怎么**说？　　　　　　　　　　　♦ 这个：これ
　 Zhège yòng Hànyǔ **zěnme** shuō?　　　　　♦ 用：用いて、～で
　　　　　　　　　　　　　　　　　　　　　　　♦ 说：言う、話す

✎ _____？

　私たちはどうやって京都駅に行きますか？

3. "从 cóng ～ 到 dào…"（～から…まで）

"从" は起点、"到" は終点。時間にも空間にも用いる。

⑤ **从**这儿**到**车站要十分钟左右。　　　　　　♦ 车站：駅、停留所
　 Cóng zhèr **dào** chēzhàn yào shí fēnzhōng zuǒyòu.

⑥ 他**从**早**到**晚一直看电视。　　　　　　　　♦ 早：あさ　♦ 晚：夜
　 Tā **cóng** zǎo **dào** wǎn yìzhí kàn diànshì.　♦ 一直：ずっと
　　　　　　　　　　　　　　　　　　　　　　　♦ 看电视：テレビを見る

✎ _____。

　京都から大阪まで電車で 40 分ぐらいかかる。　　　　♦ 京都 Jīngdū　♦ 大阪 Dàbǎn

4. 時間の長さ　　"多长时间 duō cháng shíjiān"（どのくらいの時間）

～ 分钟	fēnzhōng	（～分間）	～ 个 小时	ge xiǎoshí	（～時間）
～ 天	tiān	（～日間）	～ 个 星期	ge xīngqī	（～週間）
～ 年	nián	（～年間）	～ 个 月	ge yuè	（～か月）

60　第 8 課　要多长时间？

⑦ 你每天睡*几个小时？
　Nǐ měitiān shuì jǐ ge xiǎoshí?

♦ 睡（觉）：寝る

⑧ 我每天运动二十分钟。
　Wǒ měitiān yùndòng èrshí fēnzhōng.

♦ 运动：運動する

⑨ 一年有十二个月。　Yì nián yǒu shí'èr ge yuè.

✎ _____。　私は毎日6時間ぐらい寝る。

＊「寝る」は "睡觉 shuì jiào" あるいは "睡 shuì"、時間の長さをいうときは "睡＋時間の長さ＋（觉）"。
☞ くわしい解説「離合詞」p.97

会話コーナー

1) A：你家 离 学校 远 不 远？

　B：_____。　　形容詞には程度副詞もつけましょう。　☞ 第3課2

远　yuǎn
近　jìn

　A：你 每天 怎么 来 学校？

　B：我 每天 _____ 来 学校。

　A：从 你家 到 学校 要 多 长 时间？

　B：要 _____ 左右。

坐 电车	zuò diànchē	♦ 電車に乗る
坐 公交车	zuò gōngjiāochē	♦ バス 〃
坐 地铁	zuò dìtiě	♦ 地下鉄 〃
骑 自行车	qí zìxíngchē	♦ 自転車 〃
骑 摩托车	qí mótuōchē	♦ バイク 〃
走着	zǒuzhe	♦ 歩いて

2) A：你 每天 _____ 多长时间？

　B：我 每天 _____ _____。

睡	shuì
在 家 学习	zài jiā xuéxí
运动	yùndòng

どのくらい時間がかかりますか？

練習問題

1．次のピンインを中国語（簡体字）にし、日本語に訳しなさい。

(1) Nǐ jiā lí xuéxiào yuǎn ma?

(2) Wǒ měitiān shuì bā ge xiǎoshí.

(3) Cóng chēzhàn dào xuéxiào yào shí fēnzhōng.

2．中国語に訳し、ピンインを書いて発音しなさい。

(1) 私たちの大学は空港から遠いです。　　　　　　◆机场 jīchǎng：空港

(2) 私たちはどうやって中華街に行きますか？

(3) 兄は毎日自転車で会社に行きます。　　　　　　◆公司 gōngsī：会社

 3．次の中国語の質問に対して中国語で答えなさい。

(1)

(2)

(3)

乗りもののいろいろ

电车	diànchē	電車	摩托车	mótuōchē	バイク
公交车	gōngjiāochē	バス	自行车	zìxíngchē	自転車
巴士	bāshì	〃	火箭	huǒjiàn	ロケット
公共汽车	gōnggòngqìchē	〃	飞机	fēijī	飛行機
出租车	chūzūchē	タクシー	直升机	zhíshēngjī	ヘリコプター
地铁	dìtiě	地下鉄	汽车	qìchē	自動車
船	chuán	船	新干线	xīngànxiàn	新幹線

「乗る」という動詞は"坐 zuò"、ただしバイクや自転車などまたがって乗るものは"骑 qí"を使います。

◆ 京都地图 Jīngdū dìtú

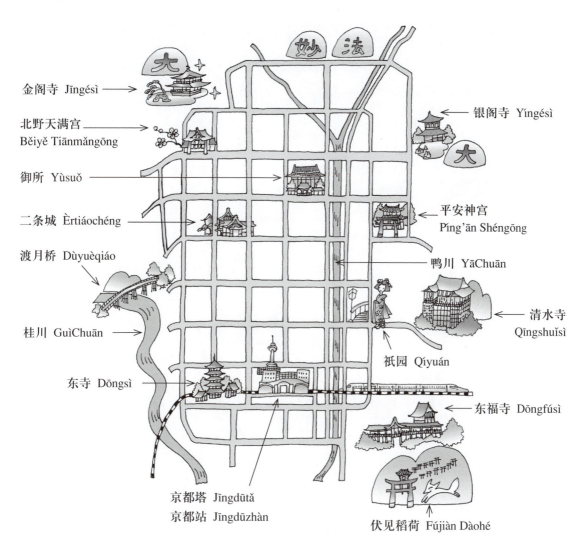

- 金阁寺 Jīngésì
- 北野天满宫 Běiyě Tiānmǎngōng
- 御所 Yùsuǒ
- 二条城 Èrtiáochéng
- 渡月桥 Dùyuèqiáo
- 桂川 GuìChuān
- 东寺 Dōngsì
- 京都塔 Jīngdūtǎ
- 京都站 Jīngdūzhàn
- 银阁寺 Yíngésì
- 平安神宫 Píng'ān Shéngōng
- 鸭川 YāChuān
- 清水寺 Qīngshuǐsì
- 祇园 Qíyuán
- 东福寺 Dōngfúsì
- 伏见稻荷 Fújiàn Dàohé

你去过哪儿？
Nǐ qùguo nǎr?

我们怎么去 _____？
Wǒmen zěnme qù _____ ?

你想去哪儿？
Nǐ xiǎng qù nǎr?

从京都站要多长时间？
Cóng Jīngdūzhàn yào duō cháng shíjiān?

- ◆ 坐 电车　zuò diànchē　：電車に乗る
- ◆ 〃 公交车　〃 gōngjiāochē：バス　〃
- ◆ 〃 地铁　　〃 dìtiě　　：地下鉄 〃
- ◆ 〃 出租车　〃 chūzūchē：タクシー〃
- ◆ 走着　　　zǒuzhe　　：歩いて

どのくらい時間がかかりますか？　63

◆ 东京地图 Dōngjīng dìtú

自我介绍
Zìwǒ jièshào

大家 好!
Dàjiā hǎo!

我 姓 高木, 叫 高木 爱。 我 是 京谷 大学 经济学系
Wǒ xìng Gāomù, jiào Gāomù Ài. Wǒ shì Jīnggǔ Dàxué jīngjìxuéxì

一 年级 的 学生。
yī niánjí de xuésheng.

我 家 在 大阪。 我 每天 坐 电车 来 学校, 从 我 家
Wǒ jiā zài Dàbǎn. Wǒ měitiān zuò diànchē lái xuéxiào, cóng wǒ jiā

到 学校 要 一 个 半 小时 左右。
dào xuéxiào yào yí ge bàn xiǎoshí zuǒyòu.

我 的 爱好 是 听 音乐, 我 很 喜欢 听 流行歌曲。
Wǒ de àihào shì tīng yīnyuè, wǒ hěn xǐhuan tīng liúxíng gēqǔ.

我 也* 很 喜欢 学习 汉语。 今后 请 多多 关照!
Wǒ yě hěn xǐhuan xuéxí Hànyǔ. Jīnhòu qǐng duōduō guānzhào!

* "我也很喜欢学习汉语。"は、ここでは「私も中国語の勉強が好きだ」ではなく「私は中国語の勉強も好きだ」の意。"也"は常に主語にかかるとは限らず、述語にかかることもある。

自己紹介

みなさん、こんにちは!
私の姓は高木で、高木愛といいます。
京谷大学経済学部1年生の学生です。私の家は大阪にあります。
毎日電車で学校に来ていて、家から学校まで1時間半ぐらいかかります。
私の趣味は音楽鑑賞で、流行歌を聴くのが好きです。
中国語を勉強することも好きです。
これからどうぞよろしくお願いします!

🎵 「自己紹介」の新出語句

1. 自我介绍　　zìwǒ jièshào　　　　　自己紹介
2. 大家　　　　dàjiā　　　　　　　　みなさん
3. 爱好　　　　àihào　　　　　　　　趣味
4. 听　　　　　tīng　　　　　　　　　聞く、聴く
5. 音乐　　　　yīnyuè　　　　　　　　音楽
6. 流行歌曲　　liúxíng gēqǔ　　　　　流行歌
7. 今后　　　　jīnhòu　　　　　　　　今後、これから
8. 请多多关照　qǐng duōduō guānzhào　どうぞよろしくお願いします

自己紹介の文章を作り、発表しましょう。

　　大家好！

　　我姓〔　　　　　〕，叫〔　　　　　　〕。

　　我是〔　　　　　〕大学〔　　　　　　〕系〔　　〕年级的学生。

　　我家在〔　　　　　〕。我每天〔　　　　　〕来学校，从我家到学校要〔　　　　　〕左右。

　　我的爱好是〔　　　　　〕，我很喜欢〔　　　　　　〕。

　　我也很喜欢学习汉语。

　　今后请多多关照！

趣味のいろいろ

（听）音乐	(tīng) yīnyuè	音楽（を聴く）
（弹）吉他	(tán) jítā	ギター（を弾く）
（〃）钢琴	(〃) gāngqín	ピアノ（〃）
跳舞	tiào wǔ	ダンスをする
嘻哈舞	xīhāwǔ	ヒップホップダンス
（看）电影	(kàn) diànyǐng	映画（を観る）
好莱坞	Hǎoláiwù	ハリウッド
迪士尼	Díshìní	ディズニー
哈利・波特	Hālì・Bōtè	ハリー・ポッター
动画片	dònghuàpiàn	アニメ
画画	huà huà	絵を描く
看书	kàn shū	読書
摄影	shèyǐng	カメラ、写真
（拍照	pāi zhào	写真を撮る）

做菜	zuò cài	料理
做甜品	zuò tiánpǐn	お菓子作り
旅游	lǚyóu	旅行
爬山	pá shān	登山
骑自行车	qí zìxíngchē	サイクリング
玩游戏	wán yóuxì	ゲームをする（オンラインゲームなど）
（下）象棋／围棋	(xià) xiàngqí/wéiqí	囲碁、将棋（をする）
散步／逛街	sàn bù / guàng jiē	散歩、街歩き
体育运动	tǐyùyùndòng	スポーツ
看球	kàn qiú	スポーツ（球技）観戦

☞「スポーツのいろいろ」p.122

動詞で「写真を撮る」というときは"拍照 pāi zhào"を使います。
「〜を撮る」は"拍〜 pāi"、"拍风景 pāi fēngjǐng"など。

復習 1

1．次の単語表を完成させなさい。

中国語（簡体字）	ピンイン	日本語
		おたずねしますが
		しかし
舒 服		
		日曜日
	piàoliang	

2．次のピンインを中国語（簡体字）にし、日本語に訳しなさい。
（1） Nǐ shì liúxuéshēng ma?
（2） Jīntiān tiānqì bù hǎo.
（3） Xiànzài jǐ diǎn?
（4） Wǒ bù xiǎng chī fàn.
（5） Nǐ měitiān zěnme lái xuéxiào?

3．中国語（簡体字）に訳しなさい。
（1） あなたの家から学校までどのくらい時間がかかりますか？
（2） 私は本場の中華料理を食べたことがありません。
（3） これは中国語のテキストです。
（4） 彼はまだ学校に来ていません。
（5） 食堂の料理はおいしくて安いです。

4．日本語の意味に合うように並べ替えなさい。

(1) 远，学校，我家，很，离　　　　〔私の家は学校から遠いです。〕

(2) 去，吃饭，我们，吧，食堂　　　〔私たちは食堂へご飯を食べに行きましょう。〕

(3) 很多，神户，东西，的，有，好吃　〔神戸にはたくさんおいしいものがあります。〕

(4) 二号楼，我们，汉语课，在，上　　〔私たちは2号館で中国語の授業を受けます。〕

(5) 好吃，做，我妈妈，的，很，菜　　〔母が作った料理はおいしいです。〕

5．中国語の発音を聴いて、空欄に中国語（簡体字）を書き入れなさい。

　　　大家好！　我姓大宫，叫大宫花子。我是京谷大学 ＿＿＿＿＿＿＿ 系 ＿＿＿＿＿＿ 年级的学生。今年 ＿＿＿＿＿＿ 岁。我家有 ＿＿＿＿＿＿ 口人，有爸爸、妈妈、＿＿＿＿＿＿ 个 ＿＿＿＿＿＿ 和我。我家在 ＿＿＿＿＿＿。我每天 ＿＿＿＿＿＿ 来学校。从我家到学校要 ＿＿＿＿＿＿ 分钟左右。我每天八点去学校，＿＿＿＿＿＿ 点左右回家。我很喜欢学习汉语。今后请多多关照！

　　　　　　　　　　　　　　　　　　　　　　　♦ 大宫花子　Dàgōng Huāzǐ

第 9 课　　在 哪儿 买 的？
Dì　jiǔ　kè　　Zài　nǎr　mǎi　de?

龙龙喜欢上网购物。他说，先去店铺看商品，然后在网上买。他有中国的信用卡，在日本也可以使用。

李龙：你看，我买了一本 中日词典。
　　　Nǐ kàn, wǒ mǎi le yì běn ZhōngRì cídiǎn.

高木：你是在哪儿买的？
　　　Nǐ shì zài nǎr mǎi de?

李龙：在 网上 买 的。
　　　Zài wǎngshàng mǎi de.

高木：什么时候 买 的？
　　　Shénme shíhou mǎi de?

李龙：上 个 星期 买 的。
　　　Shàng ge xīngqī mǎi de.

高木：这 本 词典 不错。告诉 我 那个 网站，好 吗？
　　　Zhè běn cídiǎn búcuò. Gàosu wǒ nàge wǎngzhàn, hǎo ma?

> どこで買ったんですか？

龍くんはネットショッピングが好きです。彼は、まずお店で商品を見てからネットで買うのだと言います。 彼は中国のクレジットカードを持っていて、日本でも使えます。

李龍　：　見て、中日辞書を1冊買いました。
高木　：　どこで買ったんですか？
李龍　：　ネットで買ったんです。
高木　：　いつ買ったんですか？
李龍　：　先週買ったんです。
高木　：　この辞書はなかなかいいですね。そのサイトを教えてくれますか？

新出語句

1.	买	mǎi	買う
2.	～本	běn	～冊（冊子状のものを数える量詞）
3.	词典	cídiǎn	辞書
4.	网上	wǎngshàng	オンライン、インターネット上
5.	什么时候	shénme shíhou	いつ
6.	上个星期	shàng ge xīngqī	先週
7.	不错	búcuò	なかなかよい、すばらしい
8.	告诉	gàosu	知らせる、教える
9.	网站	wǎngzhàn	ウェブサイト

導入文の語句

1)	上网	shàng wǎng	インターネットに接続する
2)	购物	gòu wù	ショッピングする、買い物をする
3)	先～然后…	xiān～ránhòu…	まず～してから…する
4)	店铺	diànpù	店、店舗
5)	商品	shāngpǐn	商品
6)	信用卡	xìnyòngkǎ	クレジットカード
7)	可以	kěyǐ	～できる、～してもよい　☞第14課2
8)	使用	shǐyòng	使用する

ポイント

1. 量詞　数詞 ＋ 量詞 ＋ 名詞

个	ge	（人やもの一般）	人 rén　学生 xuéshēng　苹果 píngguǒ
本	běn	（冊子状のもの）	书 shū　杂志 zázhì　笔记本 bǐjìběn
支（枝）	zhī	（細長い棒状のもの）	笔 bǐ　铅笔 qiānbǐ
家	jiā	（家や店、会社など）	公司 gōngsī　餐厅 cāntīng
件	jiàn	（衣類、事件）	衣服 yīfu　事 shì
张	zhāng	（平面状のもの）	票 piào　桌子 zhuōzi
条	tiáo	（細長いもの）	路 lù　裤子 kùzi
位	wèi	（人を数える丁寧な言い方）	老师 lǎoshī　客人 kèrén
杯	bēi	（コップに入ったもの）	茶 chá　咖啡 kāfēi
瓶	píng	（瓶やペットボトルなど）	啤酒 píjiǔ　矿泉水 kuàngquánshuǐ
碗	wǎn	（碗に入ったもの）	米饭 mǐfàn

- 苹果：リンゴ
- 杂志：雑誌
- 笔记本：ノート
- 笔：ペン
- 铅笔：鉛筆
- 公司：会社
- 餐厅：レストラン
- 事：できごと
- 票：切符、チケット
- 桌子：つくえ
- 路：道路
- 裤子：ズボン
- 客人：お客さん
- 啤酒：ビール
- 矿泉水：ミネラルウォーター
- 米饭：米のご飯

① 我有三**张**电影票。　Wǒ yǒu sān **zhāng** diànyǐngpiào.

✎ ＿＿＿＿＿＿＿＿＿＿＿＿＿＿＿＿＿＿＿＿＿＿。
父は毎朝コーヒーを２杯飲む。

- 每天早上 měitiān zǎoshang：毎朝

"这 zhè" ＋ 量詞 ＋ 名詞　（この〜）　　**"那 nà"** ＋ 量詞 ＋ 名詞　（その〜・あの〜）

② 这**本**小说很有意思。
　Zhè **běn** xiǎoshuō hěn yǒu yìsi.

- 小说：小説
- 有意思：おもしろい

✎ ＿＿＿＿＿＿＿＿＿＿＿＿＿＿＿＿＿＿＿。　私はこの本が好きです。

"这・那・哪"は、量詞につづくとき"zhèi・nèi・něi"と発音することが多い。

2. "了 le" の位置

目的語に数量詞や時間の長さがつく場合や、その他の修飾語がついて具体的な内容になるときなどは、完了の"了"は動詞の直後に置く。

③ 我吃面包了。　　　Wǒ chī miànbāo le.　　　◆ 面包：パン

④ 我吃了两个面包。　Wǒ chī le liǎng ge miànbāo.

✎ _____。 彼は今日コーヒーを5杯飲んだ。

✎ _____。
私は中華街で本場の中華料理を食べた。

3. "(是 shì) ～ 的 de"

すでに起こったことについて、具体的な状況（時間・場所・方法・行為者など）を説明したり強調したりする表現。"是" は省略可能。否定文は "不是～的"。

⑤ 我是跟朋友一起来的。　Wǒ shì gēn péngyou yì qǐ lái de.　　◆ 跟～：～と

⑥ 我不是在网上买的。　　Wǒ bú shì zài wǎngshàng mǎi de.　　◆ 朋友：友だち

✎ _____。 私は電車で来たのです。

✎ _____？ あの留学生はいつ来たのですか？

4. 二重目的語　　動詞 ＋ 目的語₁〔人〕＋ 目的語₂〔こと・もの〕

⑦ 中国老师教我们汉语。
Zhōngguó lǎoshī jiāo wǒmen Hànyǔ.　　◆ 教：教える

⑧ 我问老师一个汉语问题。
Wǒ wèn lǎoshī yí ge Hànyǔ wèntí.　　◆ 问：たずねる
　　　　　　　　　　　　　　　　　　　◆ 问题：問題

⑨ 我给你一本词典。
Wǒ gěi nǐ yì běn cídiǎn.　　◆ 给：与える、渡す

💬 会話コーナー

1) A：你 买 了 几 _____ _____？

　　B：我 买 了 _____。

　　　ミネラルウォーター　　ノート　　ペン

2) A：今天 你 是 怎么 来 的？

　　B：今天 我 是 ＿＿＿＿＿＿＿＿＿ 来 的。

坐 电车	zuò diànchē	◆ 電車に乗る
坐 公交车	zuò gōngjiāochē	◆ バス 〃
坐 地铁	zuò dìtiě	◆ 地下鉄 〃
骑 自行车	qí zìxíngchē	◆ 自転車 〃
骑 摩托车	qí mótuōchē	◆ バイク 〃
走着	zǒuzhe	◆ 歩いて

3) A：请 告诉 我 你 的 ＿＿＿＿＿＿。　　　◆ 请 qǐng：どうぞ〜してください

　　B：我 的 ＿＿＿＿＿＿ 是 ＿＿＿＿＿＿＿＿。

| 手机号码 | shǒujī hàomǎ | ◆ 携帯番号 |
| 邮件地址 | yóujiàn dìzhǐ | ◆ メールアドレス |

重要！　中国語の語順（2）

数量はかならず動詞の後ろ、目的語の名詞の前に置きます。時間の長さや回数も同じです。

　　　動 詞 ＋ 数 量 ＋ 目的語

・我 吃了 两个 面包。　Wǒ chī le **liǎng ge** miànbāo.
・我 学了 半年 汉语。　Wǒ xué le **bànnián** Hànyǔ.
・我 去过 两次 中国。　Wǒ qùguo **liǎng cì** Zhōngguó.

　　　　　　　　　　　　　　　　　◆〜次：〜回

時間の長さも数量と同じように、目的語の名詞の前に置くのよ！
"了"をつけるなら、位置に気をつけてね。

・他坐（了）十分钟电车。　　Tā zuò (le) **shí fēnzhōng** diànchē.
・我看（了）两个小时电视。　Wǒ kàn (le) **liǎng ge xiǎoshí** diànshì.
・我学（了）八年英语。　　　Wǒ xué (le) **bā nián** Yīngyǔ.

練習問題

1．次のピンインを中国語（簡体字）にし、日本語に訳しなさい。
 （1） Wǒ hē le yì bēi kāfēi.
 （2） Tā shì zài Běijīng xuéxí de.   ◆ 北京 Běijīng：北京
 （3） Tā jiāo liúxuéshēng Rìyǔ.   ◆ 日语 Rìyǔ：日本語

2．中国語に訳し、ピンインを書いて発音しなさい。
 （1） あの留学生は北京から来たのです。   ◆ 从 cóng：〜から
 （2） 彼はパンを3つ買った。
 （3） あなたたちはどうやって知り合ったのですか？ ◆ 认识 rènshi：知り合う

3．次の中国語の質問に対して中国語で答えなさい。
 （1）
 （2）
 （3）

パソコン用語のいろいろ

电脑	diànnǎo	パソコン	硬盘	yìngpán	ハードディスク
打字	dǎ zì	文字を入力する	文件	wénjiàn	ファイル
下载	xiàzǎi	ダウンロードする	鼠标	shǔbiāo	マウス
安装	ānzhuāng	インストールする	病毒	bìngdú	ウイルス
上网	shàng wǎng	インターネットに接続する	点击	diǎnjī	クリックする
互联网	hùliánwǎng	インターネット	双击	shuāngjī	ダブルクリックする
网站	wǎngzhàn	ウェブサイト	用户	yònghù	ユーザー
网页	wǎngyè	ウェブページ	密码	mìmǎ	パスワード

どこで買ったんですか？ 75

在 快餐店
Zài kuàicāndiàn

服务员： 欢迎 光临！您 要 什么？
Huānyíng guānglín! Nín yào shénme?

客 人： 我 要 一 个 汉堡包、一 个 薯条 和 一 杯 咖啡。
Wǒ yào yí ge hànbǎobāo, yí ge shǔtiáo hé yì bēi kāfēi.

服务员： 一共 二十八 块 五。
Yígòng èrshíbā kuài wǔ.

客 人： 给 您 一百 块。
Gěi nín yìbǎi kuài.

服务员： 找 您 七十一 块 五。欢迎 再 来。
Zhǎo nín qīshíyī kuài wǔ. Huānyíng zài lái.

客 人： 谢谢。
Xièxie.

ファーストフード店にて

店員： いらっしゃいませ！　何になさいますか？
客　： ハンバーガー1つとポテト1つとコーヒーを1杯ください。
店員： 全部で28元5角です。
客　： 100元お渡しします。
店員： 71元5角のお返しです。またのお越しを。
客　： ありがとう。

「ファーストフード店にて」の新出語句

1.	快餐店	kuàicāndiàn	ファーストフード店
2.	服务员	fúwùyuán	店員、従業員
3.	客人	kèrén	客
4.	欢迎	huānyíng	歓迎する
5.	欢迎光临	huānyíng guānglín	いらっしゃいませ
6.	要	yào	ほしい、要る
7.	汉堡包	hànbǎobāo	ハンバーガー
8.	薯条	shǔtiáo	ポテト
9.	咖啡	kāfēi	コーヒー
10.	一共	yígòng	全部で
11.	给	gěi	与える、渡す
12.	找	zhǎo	つり銭を渡す
13.	再	zài	再び

会話コーナー

服务员： 欢迎光临！您要什么？

客　人： 我要＿＿＿＿＿＿＿＿＿＿＿＿＿＿＿＿。

服务员： 一共＿＿＿＿＿＿＿＿＿＿＿＿＿＿＿。

客　人： 给您＿＿＿＿＿＿＿＿＿＿＿。

服务员： 找您＿＿＿＿＿＿＿＿＿＿＿。欢迎再来。

客　人： 谢谢。

菜单 càidān メニュー

汉堡包	hànbǎobāo	￥11.5	ハンバーガー
热狗	règǒu	￥7.0	ホットドッグ
薯条	shǔtiáo	￥9.0	ポテト
可乐	kělè	￥7.5	コーラ
咖啡	kāfēi	￥8.0	コーヒー
果汁	guǒzhī	￥8.5	ジュース
冰淇淋	bīngqilín	￥8.0	アイスクリーム

外資系の店のいろいろ

麦当劳	Màidāngláo	マクドナルド	星巴克	Xīngbākè	スターバックス
肯德基	Kěndéjī	ケンタッキー	吉野家	Jíyějiā	吉野家
乐天利	Lètiānlì	ロッテリア	罗森	Luósēn	ローソン
必胜客	Bìshèngkè	ピザハット	全家	Quánjiā	ファミリーマート

◆ 中国のお金

人民币　Rénmínbì　人民元

書き言葉	元 yuán	角 jiǎo	分 fēn
話し言葉	块 kuài	毛 máo	分 fēn

1元　=　10角　=　100分

話し言葉では単位の後ろに"钱 qián"をつけることがある。

￥123　一百二十三块（钱）　　￥4.5　四块五（毛（钱））

多少钱？　Duōshao qián?　（いくらですか？）

世界の貨幣

日元	Rìyuán	日本円	美元	Měiyuán	ドル
台币	Táibì	台湾ドル	欧元	Ōuyuán	ユーロ
港币	Gǎngbì	香港ドル	韩币	Hánbì	ウォン

第 10 课　北京 的 夏天 比 京都 热 吧？
Dì shí kè　　Běijīng de xiàtiān bǐ Jīngdū rè ba?

我怕冷也怕热，最喜欢的季节是秋天。每年很多外国人来京都看红叶。京都的秋天非常美丽！

高木：北京 的 夏天 比 京都 热 吧？
　　　Běijīng de xiàtiān bǐ Jīngdū rè ba?

李龙：对。但是，北京 没有 京都 潮湿。
　　　Duì. Dànshì, Běijīng méiyǒu Jīngdū cháoshī.

高木：那，冬天 冷 吗？
　　　Nà, dōngtiān lěng ma?

李龙：北京 比 京都 冷 多 了。
　　　Běijīng bǐ Jīngdū lěng duō le.

高木：你 喜欢 夏天，还是 喜欢 冬天？
　　　Nǐ xǐhuan xiàtiān, háishi xǐhuan dōngtiān?

李龙：我 最 喜欢 秋天。
　　　Wǒ zuì xǐhuan qiūtiān.

北京の夏は京都より暑いでしょう？

　私は寒いのも苦手だし暑いのも苦手で、一番好きな季節は秋です。毎年たくさんの外国人が京都に紅葉を見に来ます。京都の秋はとっても美しいです！

高木： 北京の夏は京都より暑いでしょう？
李龍： そうです。でも、北京は京都ほど湿気がありません。
高木： じゃあ、冬は寒いですか？
李龍： 北京は京都よりずっと寒いです。
高木： 夏が好きですか、それとも冬が好きですか？
李龍： 私は秋が一番好きです。

新出語句

1.	北京	Běijīng	北京
2.	夏天	xiàtiān	夏
3.	比	bǐ	〜より
4.	京都	Jīngdū	京都
5.	热	rè	暑い
6.	对	duì	そのとおりだ、そうだ、正しい
7.	但是	dànshì	しかし、でも
8.	潮湿	cháoshī	湿気がある
9.	冬天	dōngtiān	冬
10.	冷	lěng	寒い
11.	〜多了	duō le	ずっと〜だ（比較の文に用いる）
12.	还是	háishi	それとも
13.	最	zuì	最も
14.	秋天	qiūtiān	秋

導入文の語句

1)	怕	pà	（寒さなどに）弱い、苦手だ
2)	季节	jìjié	季節
3)	每年	měinián	毎年
4)	外国人	wàiguórén	外国人
5)	红叶	hóngyè	紅葉

 **ポイント**

1. 比較　　A "比 bǐ" B ＋ 形容詞　（A は B より〜だ）

① 中国比日本大。　Zhōngguó bǐ Rìběn dà.

② 这个比那个贵。　Zhège bǐ nàge guì.　　　　　　　　　♦ 贵：値段が高い

形容詞に "很" をつけることはできない。"更 gèng" "还 hái"（さらに）は使うことができる。

③ 北京比上海更冷。　Běijīng bǐ Shànghǎi gèng lěng.

✎ _____。
中国語は英語より難しい。　　　　　　　　　　　　　♦ 英语 Yīngyǔ：英語
　　　　　　　　　　　　　　　　　　　　　　　　　♦ 难 nán：難しい

数量や "一点儿 yìdiǎnr"（少し）、"〜多了 duō le" "〜得多 de duō"（ずっと〜だ）は形容詞の後ろに置く。

④ 今天比昨天冷一点儿。　Jīntiān bǐ zuótiān lěng yìdiǎnr.　　♦ 昨天：昨日

⑤ 这个比那个贵多了。　　Zhège bǐ nàge guì duō le.

⑥ 哥哥比我大两岁。　　　Gēge bǐ wǒ dà liǎng suì.　　　　♦ 大：年上である

✎ _____。
私の中国語は彼よりちょっとうまい。

否定文は　A "没有 méiyǒu" B ＋ 形容詞　（A は B ほど〜でない）
形容詞の前に、"那么 nàme"（あんなに）"这么 zhème"（こんなに）をつけることもある。

⑦ 上海没有京都（这么）冷。　Shànghǎi méiyǒu Jīngdū (zhème) lěng.

⑧ 我的汉语没有他（那么）好。　Wǒ de Hànyǔ méiyǒu tā (nàme) hǎo.

✎ _____。　今日は昨日ほど暑くない。

✎ _____。　この本はあの本ほど高くない。

A "跟 gēn" B "一样 yíyàng" ＋ 形容詞　（A は B と同じくらい～だ）

⑨　这个教室跟那个教室一样大。　Zhège jiàoshì gēn nàge jiàoshì yíyàng dà.

✏ _____。　今日は昨日と同じくらい暑い。

2. 選択疑問文　　"～，还是 háishi…"　（それとも）　"吗" はつけない。

⑩　你要这个，还是要那个？　　　　　　　　　◆ 要：要る、ほしい
　　Nǐ yào zhège, háishi yào nàge?

⑪　你今天去，还是明天去？　　　　　　　　　◆ 明天：明日
　　Nǐ jīntiān qù, háishi míngtiān qù?

"是" を用いる文の場合、"还是" の後ろの "是" は不要。

⑫　他是老师，还是学生？　Tā shì lǎoshī, háishi xuésheng?

×　他是老师，还是是学生？

✏ _____？　◆ 咖啡　kāfēi
あなたはコーヒーを飲みますか、それとも紅茶を飲みますか？　◆ 红茶　hóngchá

✏ _____？
私たちは食堂で食べますか、それとも外で食べますか？

会話コーナー

■ 比較の表現（肯定・否定）を使って会話しましょう。

1) A：今天 天气 怎么样？

　　B：_____ 昨天 _____。

好	hǎo	
热	rè	
冷	lěng	
暖和	nuǎnhuo	♦暖かい
凉快	liángkuai	♦涼しい

2) A：汉语 _____ 吗？

　　B：_____ 英语 _____。
　　　　　　　　　　Yīngyǔ

难	nán	♦難しい
容易	róngyì	♦易しい
有意思	yǒu yìsi	♦おもしろい

■ 選択疑問文を使って会話しましょう。

3) A：你 喜欢 _____，还是 喜欢 _____？

　　B：我 喜欢 _____。

喝 hē：	咖啡 kāfēi	红茶 hóngchá
吃 chī：	面包 miànbāo	米饭 mǐfàn
	♦パン	♦米のご飯、ライス
学 xué：	汉语 Hànyǔ	英语 Yīngyǔ
看 kàn：	足球比赛 zúqiú bǐsài	棒球比赛 bàngqiú bǐsài
	♦サッカーの試合	♦野球の試合
听 tīng：	古典音乐 gǔdiǎn yīnyuè	爵士音乐 juéshì yīnyuè
	♦クラシック音楽	♦ジャズ音楽

練習問題

1. 次のピンインを中国語（簡体字）にし、日本語に訳しなさい。

    (1) Jīngdū de xiàtiān bǐ Běihǎidào rè duō le.　　　◆北海道 Běihǎidào

    (2) Yīngyǔ méiyǒu Hànyǔ nán.

    (3) Nǐ chī mǐfàn, háishi chī miànbāo?

2. 中国語に訳し、ピンインを書いて発音しなさい。

    (1) この服はあの服よりずっと高い。　　　◆件 jiàn：服を数える量詞
    (2) 今年は去年ほど忙しくない。　　　◆衣服 yīfu：服
    (3) 彼女のお兄さんは彼女より4歳年上です。　　　◆今年 jīnnián
    　　　◆去年 qùnián
    　　　◆忙 máng：忙しい

3. 次の中国語の質問に対して中国語で答えなさい。

    (1)

    (2)

    (3)

第 11 课　你会说日语吗？
Dì shíyī kè　Nǐ huì shuō Rìyǔ ma?

今天我认识了一个新朋友，是台湾人。她会说一点儿日语。她来日本才一个星期。

李龙： 我来介绍一下，她是台湾朋友，刘梅玉。
　　　Wǒ lái jièshào yíxià, tā shì Táiwān péngyou, Liú Méiyù.

刘梅玉： 你好。我是从台北来的。
　　　　Nǐ hǎo. Wǒ shì cóng Táiběi lái de.

高木： 你会说日语吗？
　　　Nǐ huì shuō Rìyǔ ma?

刘梅玉： 会说一点儿。
　　　　Huì shuō yìdiǎnr.

高木： 你学了多长时间日语了？
　　　Nǐ xué le duōcháng shíjiān Rìyǔ le?

刘梅玉： 已经学了半年了。
　　　　Yǐjīng xué le bàn nián le.

あなたは日本語が話せますか？

　今日、私は新しい友だちと知り合いました、台湾人です。彼女は少し日本語が話せます。彼女は日本に来てたった１週間です。

李龍：　　私からちょっと紹介しましょう、彼女は台湾人の友だちで、劉梅玉さんです。
劉梅玉：　こんにちは。私は台北から来たんです。
高木：　　あなたは日本語が話せますか？
劉梅玉：　少し話せます。
高木：　　あなたはどのくらい日本語を学んでいますか？
劉梅玉：　もう半年学んでいます。

新出語句

1.	来	lái	ある動作を積極的におこなう姿勢をあらわす
2.	介绍	jièshào	紹介する
3.	一下	yíxià	ちょっと〜する（動詞のうしろに置く）
4.	台湾	Táiwān	台湾
5.	朋友	péngyou	友だち、友人
6.	刘梅玉	Liú Méiyù	劉 梅玉
7.	台北	Táiběi	台北
8.	会	huì	〜できる（会得）
9.	说	shuō	話す、言う
10.	日语	Rìyǔ	日本語
11.	一点儿	yìdiǎnr	少し
12.	学	xué	学ぶ、勉強する
13.	已经	yǐjīng	すでに、もう
14.	半年	bànnián	半年

導入文の語句

1)	新	xīn	新しい
2)	才	cái	たった、わずかに

ポイント

1. 動詞 ＋ "一下 yíxià"（ちょっと～する、～してみる）　　動詞（一 yi）動詞

　　動作の時間の短さや回数の少なさ、試みに～してみるという意味を表したり、語気を和らげる働きをもつ。

① 我们休息一下吧。　Wǒmen xiūxi yíxià ba.　　◆休息：休憩する

② 你们看一下课文。　Nǐmen kàn yíxià kèwén.　　◆课文：教科書の本文

1字の動詞を重ねる場合は、2回目は軽声で読むか、あいだに "一 yi" をはさむ。

③ 我们休息休息吧。　Wǒmen xiūxi xiūxi ba.

④ 你们看看课文。　　Nǐmen kànkan kèwén.

⑤（你们看一看课文。　Nǐmen kàn yi kàn kèwén.）

> "去" "来" や "吃" は重ね型にしません。
> 「食べてみる」というときは "尝 cháng"（味わう、味をみる）を使いましょう。
> 你尝尝吧！很好吃～
> Nǐ chángchang ba！Hěn hǎochī~

2. 可能（会得）の助動詞　　"会 huì" ＋ 動詞　（～することができる）

　　練習や学習を通して、ある技能を身につけていること。

⑥ 我会说汉语。　　　Wǒ huì shuō Hànyǔ.

⑦ 她不会做菜。　　　Tā bú huì zuò cài.　　◆做菜：料理を作る

⑧ 你会开车吗？　　　Nǐ huì kāi chē ma?　　◆开车：車を運転する

⑨（你会不会开车？　Nǐ huì bu huì kāi chē?）

✎ _____。私は英語が話せない。

　　　　　　　　　　　　　　　　　　　　　　◆英语 Yīngyǔ

✎ _____？あなたは泳げますか？

　　　　　　　　　　　　　　　　　　　　　　◆游泳 yóu yǒng：泳ぐ

また、飲酒や喫煙などの習慣についてもいう。

⑩ 我**不会**喝酒。　Wǒ **bú huì** hē jiǔ.

"会"には、このほか「〜のはずだ」という意味もある。　☞ 第15課4

3. 動詞＋"了"＋時間の長さなど（＋目的語）＋"了"

文末の"了"は、その動作が現在まで続いていることを表す。　☞ 第17課4　変化の"了"

⑪ 我学**了**半年汉语。　　　　　　私は中国語を半年勉強した。
Wǒ xué **le** bàn nián Hànyǔ.

⑫ 我学**了**半年汉语**了**。　　　　私は中国語を半年勉強している。← 今も勉強している
Wǒ xué **le** bàn nián Hànyǔ **le**.　（中国語を勉強して半年になる。）

⑬ 他们唱**了**五个小时卡拉OK**了**。　　　◆唱卡拉OK：カラオケをうたう
Tāmen chàng **le** wǔ ge xiǎoshí kǎlāOK **le**.

⑭ 这件衣服，已经穿**了**十年**了**。　　　◆穿：着る
Zhè jiàn yīfu, yǐjīng chuān **le** shí nián **le**.

✎ _____？
あなたは何年間英語を学んでいますか？

✎ _____。
弟はもう3時間テレビを見ている。　　　　　◆看电视　kàn diànshì：テレビを見る

> ちなみに
> 　　⑫の文は　"我学汉语学了半年了。"
> 　　⑬の文は　"他们唱卡拉ＯＫ唱了五个小时了。"という言い方もできるよ。

あなたは日本語が話せますか？　89

会話コーナー

1) A：你 会 ＿＿＿＿＿ 吗？

B：＿＿＿＿＿。

开 车	kāi chē
说 英语	shuō Yīngyǔ
做 菜	zuò cài
游 泳	yóu yǒng
滑 雪	huá xuě

♦ スキーをする

2) A：你 学 了 多长时间 ＿＿＿＿＿ 了？

B：＿＿＿＿＿＿＿＿＿＿＿。

| 汉语 | Hànyǔ |
| 英语 | Yīngyǔ |

3) A：你 的 ＿＿＿＿ 用 了 多长时间 了？

B：已经 ＿＿＿＿＿＿＿＿＿。

☞ 第8課 4. 時間の長さ

♦ 用 yòng：使う

| 手机 | shǒujī | ♦ 携帯電話 |
| 书包 | shūbāo | ♦ かばん |

練習問題

1．次のピンインを中国語（簡体字）にし、日本語に訳しなさい。
　　(1)　Qǐng nǐ lái yíxià.　　　　　　　　　　　　　　◆ 请 qǐng：～してください。
　　(2)　Wǒ bú huì shuō Hànyǔ.
　　(3)　Tā kàn le liǎng ge xiǎoshí diànshì le.

2．中国語に訳し、ピンインを書いて発音しなさい。
　　(1)　彼女は日本語は話せないが、英語が少し話せる。　　「少し」は数量
　　(2)　あなたたちの大学をちょっと紹介して下さい。　　☞ p.74「中国語の語順」(2)
　　(3)　彼はすでに3時間も音楽を聴いています。

3．次の中国語の質問に対して中国語で答えなさい。
　　(1)
　　(2)
　　(3)

 世界の国や地域

日本	Rìběn	日本	英国	Yīngguó	イギリス
中国	Zhōngguó	中国	德国	Déguó	ドイツ
韩国	Hánguó	韓国	俄罗斯	Éluósī	ロシア
台湾	Táiwān	台湾	法国	Fǎguó	フランス
香港	Xiānggǎng	香港	西班牙	Xībānyá	スペイン
新加坡	Xīnjiāpō	シンガポール	葡萄牙	Pútáoyá	ポルトガル
印度	Yìndù	インド	加拿大	Jiānádà	カナダ
泰国	Tàiguó	タイ	澳大利亚	Àodàlìyà	オーストラリア
越南	Yuènán	ベトナム	亚洲	Yàzhōu	アジア
美国	Měiguó	アメリカ	欧洲	Ōuzhōu	ヨーロッパ
夏威夷	Xiàwēiyí	ハワイ	非洲	Fēizhōu	アフリカ

第 12 课　这个 周末 你 打算 做 什么？
Dì shí'èr kè　Zhège zhōumò nǐ dǎsuàn zuò shénme?

明天星期六，我打算跟龙龙一起去游泳。他说，附近有一个游泳池。我们要运动运动。

高木：这个 周末 你 打算 做 什么？
　　　Zhège zhōumò nǐ dǎsuàn zuò shénme?

李龙：我 打算 去 游泳。
　　　Wǒ dǎsuàn qù yóuyǒng.

高木：你 会 游泳 吗？
　　　Nǐ huì yóuyǒng ma?

李龙：会。我 能 游 一千 米。
　　　Huì. Wǒ néng yóu yìqiān mǐ.

高木：我 一点儿 也 不 会。
　　　Wǒ yìdiǎnr yě bú huì.

李龙：那，我 教 你 吧。你 也 要 运动 运动。
　　　Nà, wǒ jiāo nǐ ba. Nǐ yě yào yùndòng yùndòng.

この週末は何をするつもりですか？

明日は土曜日、私は龍くんと一緒に泳ぎに行くつもりです。彼は、近くにプールがあると言っていました。私たちはちょっと運動しなければなりません。

高木： この週末は何をするつもりですか？
李龍： 泳ぎに行くつもりです。
高木： 泳げるんですか？
李龍： 泳げますよ。1000メートル泳げます。
高木： 私は全く泳げません。
李龍： じゃあ私が教えてあげましょう。あなたもちょっと運動しなくちゃ。

新出語句

1.	周末	zhōumò	週末
2.	打算	dǎsuàn	～するつもりだ
3.	做	zuò	する
4.	游泳(游)	yóu yǒng (yóu)	泳ぐ
5.	能	néng	～できる（能力）
6.	米	mǐ	メートル
7.	教	jiāo	教える
8.	要	yào	～しなければならない、～する必要がある
9.	运动	yùndòng	運動する

導入文の語句

1)	明天	míngtiān	明日
2)	跟～	gēn	～と
3)	附近	fùjìn	附近、近く
4)	游泳池	yóuyǒngchí	プール

ポイント

1. "打算 dǎsuàn"（～するつもりだ）

動詞や動詞フレーズの前に置き、予定をあらわす。

① 他打算明年去留学。
　Tā dǎsuàn míngnián qù liúxué.

② 毕业以后，你打算做什么？
　Bì yè yǐhòu, nǐ dǎsuàn zuò shénme?

③ 那个留学生不打算回国。
　Nà ge liúxuéshēng bù dǎsuàn huí guó.

♦ 明年：来年

♦ 毕业：卒業する
♦ 以后：～したあと

♦ 回国：帰国する

✏️ _____？　あなたはいつ行くつもりですか？

✏️ _____。　私はネットで買うつもりです。

2. 可能（能力）の助動詞　　"能 néng" ＋ 動詞　（～することができる）

"会"が習得の有無（単にできるかできないか）をいうのに対して、"能"は能力の具体的なレベル（どのくらいできるか）をいう。

④ 我会游泳，**能**连续游＊一个小时。　　　◆ 连续：連続して
　　Wǒ huì yóu yǒng, **néng** liánxù yóu yí ge xiǎoshí.

⑤ 他学过五年汉语，**能**看中文报纸。　　　◆ 中文报纸：中国語の新聞
　　Tā xuéguo wǔ nián Hànyǔ, **néng** kàn Zhōngwén bàozhǐ.

＊"游泳"の"泳"（およぎ）は目的語なので"游一个小时(泳)"となる。　☞ くわしい解説「離合詞」p.97

✏️ _____。　◆ 英语 Yīngyǔ：英語
　　彼は英語が話せて、小学生に教えることができる。　◆ 小学生 xiǎoxuéshēng：小学生

"能"には、条件や環境によってできる、という意味もある。　☞ 第13課2

3. "一点儿 也（/都）yìdiǎnr yě (/dōu)" ＋ 否定　（少しも～ない、全く～ない）

⑥ 现在我**一点儿也**不饿。　　　◆ 饿：おなかがすいている
　　Xiànzài wǒ **yìdiǎnr yě** bú è.

⑦ 这本小说**一点儿也**没意思。　　　◆ 没意思：おもしろくない
　　Zhè běn xiǎoshuō **yìdiǎnr yě** méi yìsi.

⑧ 昨天我**一点儿也**没复习。　　　◆ 复习：復習する
　　Zuótiān wǒ **yìdiǎnr yě** méi fùxí.

✏️ _____。　この料理は全然おいしくない。

"一点儿"のかわりに、疑問詞や「ひとつ」という意味の単語を用いる表現もある。

⑨ 我**什么也**不想吃。　　Wǒ **shénme yě** bù xiǎng chī.

⑩ **一个人也**没来。　　Yí ge rén yě méi lái.

✏️ _____。　私はどこにも行きたくない。

4. 必要・義務の助動詞　　"要 yào" ＋ 動詞　（〜しなければならない、〜する必要がある）

⑪ 你要注意身体。　　Nǐ yào zhùyì shēntǐ.
　　　　　　　　　　　　　　　　　　◆ 注意：気をつける
　　　　　　　　　　　　　　　　　　◆ 身体：からだ
⑫ 今天我要早点儿回家。
　　Jīntiān wǒ yào zǎodiǎnr huí jiā.　　◆ 早点儿：はやめに
　　　　　　　　　　　　　　　　　　◆ 回家：家に帰る
⑬ 我们要好好学习。　Wǒmen yào hǎohǎo xuéxí.
　　　　　　　　　　　　　　　　　　◆ 好好：しっかり

　_____。

　　土曜日は私はアルバイトに行かなければならない。　　◆ 打工 dǎ gōng：アルバイト

否定文は "不用 búyòng"（〜しなくてもよい、する必要はない）

⑭ 星期天我不用去学校。　Xīngqītiān wǒ búyòng qù xuéxiào.

⑮ 谢谢。—— 不用谢。　Xièxie. — Búyòng xiè.

"不要 búyào" は禁止（〜してはいけない）の意味になる。　☞ 第16課 4

⑯ 你们不要迟到。　Nǐmen búyào chídào.　　◆ 迟到：遅刻する

"要" にはこのほか、強い願望や意志（〜したい、〜するつもりだ）という意味や、「ほしい」「(時間やお金が)かかる」という動詞の用法もある。　☞ 第8課、15課 1

 会話コーナー

1) A：毕业 以后, 你 打算 做 什么？

　　B：我 _____。決まっている人は "打算" や "想" などを使って答えましょう。

当 公务员	dāng gōngwùyuán	◆ 公務員になる
当 教师	dāng jiàoshī	◆ 教師になる
考 研究生	kǎo yánjiūshēng	◆ 大学院を受験する
在 公司 工作	zài gōngsī gōngzuò	◆ 会社ではたらく
还 没 决定	hái méi juédìng	◆ 決定：決める

2) A：你 能 吃 多少 个 饺子？　　◆ 多少 duōshao：どれだけ
　　　　　　　　　　　　　　　　　　◆ 饺子 jiǎozi：ギョーザ
　　B：_____。

3) A：星期天 我们 去 看 电影 吧。　　　　　　◆ 电影 diànyǐng：映画

　　B：对不起，星期天 我 要 ＿＿＿＿＿＿＿＿。　◆ 对不起 duìbuqǐ：ごめんなさい

去 打工　　qù dǎ gōng
做 作业　　zuò zuòyè　　　　　　　　　　　　　◆ 宿題をする
去 朋友家　qù péngyou jiā

練習問題

1．次のピンインを中国語（簡体字）にし、日本語に訳しなさい。

(1)　Zhège zhōumò wǒ dǎsuàn qù péngyou jiā.

(2)　Wǒ xǐhuan yóu yǒng, wǒ néng yóu liǎngqiān mǐ.

(3)　Hànyǔ, tā yìdiǎnr yě bú huì.

2．中国語に訳し、ピンインを書いて発音しなさい。

(1)　卒業後は、私は教師になるつもりだ。

(2)　この映画は少しも面白くない。

(3)　学生はしっかり勉強しなければならない。

3．次の中国語の質問に対して中国語で答えなさい。

(1)

(2)　　　　　　　　　　　　　　　　　　　　　　◆ 多少米 duōshao mǐ：何メートル

(3)

 くわしい解説

離合詞

"游泳 yóu yǒng" は "吃饭" と同じように、【動詞＋目的語】の構造です。
経験の "〜过"（〜したことがある）や状態補語の "〜得" などは、動詞 "游" の後ろにつけます。

○他 游得 很快。　　Tā yóude hěn kuài.　　彼は泳ぐのが速い。
×他 游泳得 很快。
○我 没 游过（泳）。　Wǒ méi yóuguo yǒng.　私は泳いだことがない。
×我 没 游泳过。

数量、時間の長さ、回数などを加えるときも注意しましょう。
動詞 ＋ 数量詞（時間の長さ、回数、距離など）＋ 目的語
　　○游 三十分钟（泳）　yóu sānshí fēnzhōng (yǒng)　30 分間泳ぐ
　　×游泳 三十分钟

"游泳" のような単語は、2 文字で 1 語のように見えても、実際は【動詞＋目的語】であり、あいだに補語や量詞などが入って離れたりくっついたりするため「離合詞」と呼ばれます。
離合詞にはほかに次のようなものがあります。

起床	qǐ chuáng	起きる	生气	shēng qì	怒る
睡觉	shuì jiào	寝る	毕业	bì yè	卒業する
散步	sàn bù	散歩する	请假	qǐng jià	休みをとる
跑步	pǎo bù	ジョギングする	结婚	jié hūn	結婚する
见面	jiàn miàn	会う	帮忙	bāng máng	助ける、手伝う
洗澡	xǐ zǎo	お風呂に入る			

・昨天睡了八个小时（觉）。Zuótiān shuì le bā ge xiǎoshí (jiào).　昨日は 8 時間寝た。
・我跟他见过一次（面）。　Wǒ gēn tā jiànguo yí cì (miàn).　彼とは 1 度会ったことがある。
・你生什么气？　　　　　Nǐ shēng shénme qì?　　　　　何を怒っているの？
・我们散散步吧。　　　　Wǒmen sànsan bù ba.　　　　　ちょっと散歩しましょう。

辞書などでは "游泳 yóu//yǒng" のようにピンインに「//」を入れて、離合詞であることが示されています。

第 13 课　　你在做什么呢？
Dì shísān kè　　Nǐ zài zuò shénme ne?

　　我在做作业的时候龙龙来电话，说他们在唱卡拉ＯＫ。最近学习压力很大，我也去散散心！

李龙：**喂，你在做什么呢？**
Wéi, nǐ zài zuò shénme ne?

高木：**我在做作业呢。**
Wǒ zài zuò zuòyè ne.

李龙：**我们在唱卡拉ＯＫ。你能来吗？**
Wǒmen zài chàng kǎlāOK. Nǐ néng lái ma?

高木：**没问题！**
Méi wèntí!

李龙：**那，作业怎么办？**
Nà, zuòyè zěnme bàn?

高木：**快做完了。**
Kuài zuòwán le.

何をしていますか？

ちょうど宿題をしていたとき龍くんから電話がかかって来て、カラオケをしているという。最近勉強のストレスが大きいから、私もリフレッシュしに行こう！

李龍： もしもし、何をしていますか？
高木： 宿題をしているところです。
李龍： 私たちはカラオケをしているところです。あなたは来られますか？
高木： 大丈夫！
李龍： じゃあ、宿題はどうするんですか？
高木： もうすぐ終わります。

新出語句

1.	喂	wéi	もしもし（もとは4声だが電話で呼びかけるときは2声）
2.	在	zài	～しているところだ
3.	呢	ne	文末の助詞、～しているという事実を確認する
4.	做作业	zuò zuòyè	宿題をする
5.	唱卡拉ＯＫ	chàng kǎlāOK	カラオケをする（カラオケをうたう）
6.	能	néng	～できる（条件）
7.	没问题	méi wèntí	大丈夫だ、問題ない
8.	怎么办	zěnme bàn	どうしよう
9.	快～了	kuài ~le	もうすぐ～する
10.	～完	wán	～し終わる

導入文の語句

1)	～的时候	de shíhou	～するとき ☞ 第16課3
2)	电话	diànhuà	電話
3)	最近	zuìjìn	最近
4)	压力	yālì	ストレス、プレッシャー
5)	散心	sàn xīn	気晴らしをする、リフレッシュする

ポイント

1. "在 zài" ＋ 動詞 ＋ ("呢 ne") （ちょうど～しているところだ） 動作の進行

① 他**在**吃饭（**呢**）。　Tā **zài** chī fàn (**ne**).

"在 zài" の前に "正 zhèng"（まさに）を置いて、"**正在** zhèngzài ＋ 動詞 ＋（呢）" という表現もある。"呢" はなくてもよく、また "呢" だけでも「～している」という意味をあらわす。

② 他**正在**吃饭（**呢**）。　Tā **zhèngzài** chī fàn (**ne**).

③ 他　　吃饭 **呢**。　　Tā　　　chī fàn **ne**.

✎ ＿＿＿＿＿＿＿＿＿＿＿＿＿＿＿＿＿＿＿＿＿。 母は料理をしているところです。

　　　　　　　　　　　　　　　　　　　　　◆ 做菜　zuò cài：料理する

✎ ＿＿＿＿＿＿＿＿＿＿＿＿＿＿＿＿＿＿＿＿＿。 李先生は授業中です。

　　　　　　　　　　　　　　　　　　　　　◆ 老师　lǎoshī：先生
　　　　　　　　　　　　　　　　　　　　　◆ 上课　shàng kè：授業する

2. 可能（条件）の助動詞　　"**能** néng" ＋ 動詞　（～することができる）

具体的な能力（☞ 第12課2）のほか、条件や環境によってできることをあらわす。

④ 今天我没有作业，**能**去玩儿。　　　　◆ 玩儿：あそぶ
　 Jīntiān wǒ méiyǒu zuòyè, **néng** qù wánr.

⑤ 我今天身体不好，**不能**去上课。
　 Wǒ jīntiān shēntǐ bù hǎo, bù **néng** qù shàng kè.

✎ ＿＿＿＿＿＿＿＿＿＿＿＿＿＿＿＿＿＿＿＿＿。

父はお酒を飲んでいないので、車を運転できる。　◆ 喝酒　hē jiǔ：酒を飲む
　　　　　　　　　　　　　　　　　　　　　◆ 开车　kāi chē：車を運転する

✎ ＿＿＿＿＿＿＿＿＿＿＿＿＿＿＿＿＿＿＿＿＿。

彼はちょうど車を運転しているところなので、　◆ 接电话　jiē diànhuà：電話に
電話に出られない。　　　　　　　　　　　　　　出る

"**能不能～? néng bu néng~?**" で「～していただけませんか」という依頼の意味になる。

⑥ **能不能**告诉我你的电话号码？　　　◆ 电话号码：電話番号
　 Néng bu néng gàosu wǒ nǐ de diànhuà hàomǎ?

3. 結果補語

動詞の後ろに動詞や形容詞を補って、その動作の結果をあらわす。

☞ くわしい解説「結果補語」p.103

> ～**完** wán （～し終わる）　　～**见** jiàn （～して知覚する）
> ～**懂** dǒng （して理解する）　～**到** dào （～して目的に達する）
> ～**好** hǎo （きちんと～し終わる）　～**错** cuò （～しまちがえる）

⑦ 这本书，我已经看**完**了。
　 Zhè běn shū, wǒ yǐjīng kàn**wán** le.

⑧ 黑板上的字，你们看**见**了吗？　　　　　◆ 黑板 hēibǎn：黒板
　 Hēibǎn shang de zì, nǐmen kàn**jiàn** le ma?

⑨ 他说的汉语，我没听**懂**。
　 Tā shuō de Hànyǔ, wǒ méi tīng**dǒng**.

⑩ 他还没找**到**工作。　　　　　　　　　　◆ 找：さがす
　 Tā hái méi zhǎo**dào** gōngzuò.　　　　　◆ 工作：仕事

⑪ 我已经想**好**了。　　　　　　　　　　　◆ 想：考える
　 Wǒ yǐjīng xiǎng**hǎo** le.

⑫ 对不起，刚才听**错**了。　　　　　　　　◆ 对不起：ごめんなさい
　 Duìbuqǐ, gāngcái tīng**cuò** le.　　　　　◆ 刚才：さっき

✎ _____。 彼はもう食べ終わった。

✎ _____。
先生が話す中国語は、ほとんど聞き取れた。　　◆ 大部分 dàbùfen：ほとんど

4. "快～了 kuài~le" （もうすぐ～する、もうすぐ～になる）

あいだに動詞（動詞＋目的語）や名詞をはさむ。

⑬ 她们**快**毕业**了**。　　Tāmen **kuài** bì yè **le**.　　◆ 毕业：卒業する

⑭ 我来京都**快**一年**了**。　Wǒ lái Jīngdū **kuài** yì nián **le**.

✎ _____。
もうすぐ9時になる、授業に行きましょう。

会話コーナー

1) A：他 在 做 什么 呢？

B：他 _____。

洗 澡　　　睡 觉　　　打 电话　　　做 菜　　　开 车
xǐ zǎo　　shuì jiào　　dǎ diànhuà　　zuò cài　　kāi chē
♦お風呂に入る　　　　　♦電話をかける

2) A：今天 晚上 我们 去 _____ 吧。　♦晚上 wǎnshang：夜

B：对不起，我 _____，不能 去 _____。

♦对不起 duìbuqǐ：ごめんなさい

唱 卡拉OK	chàng kǎlāOK	
买 东西	mǎi dōngxi	♦買い物をする
喝 酒	hē jiǔ	

要 去 打 工	yào qù dǎ gōng	
要 做 作业	yào zuò zuòyè	
没 有 钱	méiyǒu qián	♦钱：お金
十 八 岁	shí bā suì	

 練習問題

1．次のピンインを中国語（簡体字）にし、日本語に訳しなさい。

(1) Xuéshēngmen zài shàng kè ne.　　　　　　　　♦～们 men：～たち

(2) Jīntiān wǎnshang wǒ yào qù dǎ gōng, bù néng qù wánr.　♦玩儿 wánr：あそぶ

(3) Tā lái Rìběn kuài yì nián le.

2．中国語に訳し、ピンインを書いて発音しなさい。

(1) この本は、私はもうすぐ読み終わる。

(2) 彼はお風呂に入っているところなので、電話に出られない。

(3) 私はもうすぐ20歳になる。

 3．次の中国語の質問に対して中国語で答えなさい。

(1)

(2)

(3)

くわしい解説

結果補語

13課でとりあげたもののほかに、次のような表現があります。

～住	zhù	（固定する）
～会	huì	（習得する）
～惯	guàn	（慣れる）
～饱	bǎo	（十分～する）
～光	guāng	（残らず～する）
～干净	gānjìng	（清潔に、きれいに～する）
～清楚	qīngchu	（明らかに、はっきりと～する）

- 记住　　jìzhù　　暗記する
- 学会　　xuéhuì　　マスターする
- 听惯　　tīngguàn　　聞き慣れる
- 吃饱　　chībǎo　　おなかいっぱいになる
- 吃光　　chīguāng　　たいらげる
- 洗干净　xǐgānjìng　きれいに洗う
- 听清楚　tīngqīngchu　はっきり聞こえる

また、後ろに結果に関する名詞がつづく表現もあります。

～在 zài……（動作の落ち着く場所）
- 住在东京　　zhùzài Dōngjīng　　東京に住む
- 放在这儿　　fàngzài zhèr　　ここに置く

～给 gěi……（ものや行為の受け手）
- 借给他　　jiègěi tā　　彼に貸す

～到 dào……（到達する場所・時間）
- 睡到中午　　shuìdào zhōngwǔ　　正午まで寝る
- 送到医院　　sòngdào yīyuàn　　病院まで送る

～成 chéng……（変化後のもの）
- 翻译成日语　fānyìchéng Rìyǔ　日本語に訳す
- 换成人民币　huànchéng Rénmínbì　人民元に換える

今天就学到这儿。
Jīntiān jiù xuédào zhèr.

第 14 课　　你 唱 歌 唱得 真 不错！
Dì　shísì　kè　　　Nǐ chàng gē chàngde zhēn búcuò!

今天第一次在大家面前唱歌，开始很紧张，后来越唱越放松了。

李龙： **你 唱 歌 唱得 真 不错！**
　　　Nǐ chàng gē chàngde zhēn búcuò!

高木： **谢谢！ 这 是 日本 的 流行歌曲。**
　　　Xièxie!　Zhè shì Rìběn de liúxíng gēqǔ.

李龙： **你 会 唱 英语歌 吗？**
　　　Nǐ huì chàng Yīngyǔ gē ma?

高木： **会，不过 唱得 不 好。**
　　　Huì, búguò chàngde bù hǎo.

李龙： **我 可以 喝 饮料 吗？**
　　　Wǒ kěyǐ hē yǐnliào ma?

高木： **当然 可以。 你 想 喝 什么？ 我 给 你 点。**
　　　Dāngrán kěyǐ.　Nǐ xiǎng hē shénme?　Wǒ gěi nǐ diǎn.

歌をうたうのが本当に上手ですね！

　今日はじめてみんなの前で歌をうたって、最初は緊張したけど、その後はうたえばうたうほどリラックスした。

李龍：　歌をうたうのが本当に上手ですね！
高木：　ありがとう！　これは日本の流行歌です。
李龍：　あなたは英語の歌がうたえますか？
高木：　うたえるけど、でもうまくありません。
李龍：　ドリンクを飲んでもいいですか？
高木：　もちろんいいですよ。何が飲みたいですか？
　　　　私が（あなたのために）注文してあげます。

新出語句

1.	唱歌	chàng gē	歌をうたう
2.	得	de	状態補語を導く
3.	英语歌	Yīngyǔ gē	英語の歌
4.	可以	kěyǐ	～してもよい、～できる
5.	喝	hē	飲む
6.	饮料	yǐnliào	ドリンク、飲みもの
7.	当然	dāngrán	もちろん、当然
8.	给	gěi	～に、～のために
9.	点	diǎn	（料理などを）注文する

導入文の語句

1)	第一次	dì yī cì	初めて
2)	面前	miànqián	目の前
3)	开始	kāishǐ	最初、初め
4)	紧张	jǐnzhāng	緊張する
5)	后来	hòulái	後になって、その後
6)	越～越…	yuè~yuè…	～すればするほど…だ
7)	放松	fàngsōng	リラックスする

 **ポイント**

1. 状態補語　　動詞 ＋ "得 de" ＋ 状態補語〔副詞＋形容詞など〕　（～するのが…だ）

動詞の後ろに"得"を挟んで形容詞などを置き、動作や行為のようすを補う表現。

① 他唱得很好。　Tā chàngde hěn hǎo.

② 我跑得很快。　Wǒ pǎode hěn kuài.　　　◆ 跑：走る

③ 我昨天睡得很早。　Wǒ zuótiān shuìde hěn zǎo.　　◆ 快：(スピードが) 速い
　　　　　　　　　　　　　　　　　　　　　　　　◆ 早：(時間が) 早い

否定や疑問は、状態補語の部分を言い換える。

④ 他唱得不好。　　Tā chàngde bù hǎo.

⑤ 他唱得好吗？　　Tā chàngde hǎo ma?

⑥ (他唱得好不好？　Tā chàngde hǎo bu hǎo?)

⑦ 他唱得怎么样？　Tā chàngde zěnmeyàng?

✏ _____。

彼は早口だ（話すのがとても速い）。　　　　　◆ 说 shuō：話す

✏ _____ ?

昨日はよく眠れましたか？（昨日は寝るのはよかったですか？）　◆ 好 hǎo：良い

目的語があるときは、「動詞＋目的語」あるいは「目的語」を動詞の前に置く。

(動詞) 目的語 ＋ 動詞 ＋ "得 de" ＋ 状態補語〔副詞＋形容詞など〕

⑧ 他 (说) 英语说得很流利。　　　　◆ 流利：流暢だ
　Tā (shuō) Yīngyǔ shuōde hěn liúlì.

⑨ 我 (打) 棒球打得不太好。　　　　◆ 打棒球：野球をする
　Wǒ (dǎ) bàngqiú dǎde bú tài hǎo.

✏ _____。

彼女は英語の歌をうたうのが本当にうまい。

✏ _____ ?

あなたは料理の腕前はどうですか？（料理を作るのがどうですか？）

◆ 做菜 zuò cài：料理をする

2. 許可の助動詞　　"可以 kěyǐ" + 動詞　（～してもよい、～できる）

⑩ 这儿**可以**照相。　Zhèr **kěyǐ** zhào xiàng.
　　　　　　　　　　　　　　　　　　　◆ 这儿：ここ
　　　　　　　　　　　　　　　　　　　◆ 照相：写真を撮る
⑪ 图书馆里**不可以**喝饮料。
　　Túshūguǎn li **bù kěyǐ** hē yǐnliào.
　　　　　　　　　　　　　　　　　　　◆ 图书馆：図書館

⑫ 你几点方便？　　　Nǐ jǐ diǎn fāngbiàn?
　　　　　　　　　　　　　　　　　　　◆ 方便：都合がよい、便利だ
　　── 我几点都**可以**。　Wǒ jǐ diǎn dōu **kěyǐ**.

✎ _____? 家に帰ってもいいですか？
　　　　　　　　　　　　　　　　　　　◆ 回家 huí jiā：家に帰る

3. "给 gěi"〔人〕+ 動詞　（～に、～のために…する、…してあげる／してくれる）

"给"のあとに、行為の対象となる人を置く。

⑬ 明天我**给**你打电话。
　　Míngtiān wǒ **gěi** nǐ dǎ diànhuà.
　　　　　　　　　　　　　　　　　　　◆ 打电话：電話をかける

⑭ 我**给**你介绍一下，这是我妹妹。
　　Wǒ **gěi** nǐ jièshào yíxià, zhè shì wǒ mèimei.

⑮ 我哥哥**给**我买了一个钱包。
　　Wǒ gēge **gěi** wǒ mǎi le yí ge qiánbāo.
　　　　　　　　　　　　　　　　　　　◆ 钱包：財布

✎ _____。
中国人の友だちが私たちに本場の中華料理を作ってくれた。

"给"には動詞の用法もある。（☞ 第9課 4. 二重目的語）

"给" + 目的語₁〔人〕+ 目的語₂〔もの〕　（～に…をあげる／くれる）

⑯ 我**给**了他一本杂志。　Wǒ **gěi** le tā yì běn zázhì.
　　　　　　　　　　　　　　　　　　　◆ 杂志：雑誌

⑰ **给**我时间吧，我好好想一想。
　　Gěi wǒ shíjiān ba, wǒ hǎohǎo xiǎng yi xiǎng.
　　　　　　　　　　　　　　　　　　　◆ 时间：時間
　　　　　　　　　　　　　　　　　　　◆ 好好：しっかり、十分に
　　　　　　　　　　　　　　　　　　　◆ 想：考える

会話コーナー

1）A：你 ＿＿＿＿＿＿ 得 怎么样？

B：＿＿＿＿＿＿＿＿＿＿。

说 汉语	shuō Hànyǔ
说 英语	shuō Yīngyǔ
唱 歌	chàng gē
做 菜	zuò cài
打 网球	dǎ wǎngqiú

♦テニスをする

很 好	hěn hǎo
不 好	bù hǎo
不 太 好	bú tài hǎo
还 可以	hái kěyǐ

♦まあまあだ

2）A：这儿 可以 ＿＿＿＿＿＿ 吗？

B：＿＿＿＿＿＿＿＿＿＿。

拍 照　　吃 东西　　喝 饮料　　打 电话　　游 泳
pāi zhào　chī dōngxi　hē yǐnliào　dǎ diànhuà　yóu yǒng

練習問題

1．次のピンインを中国語（簡体字）にし、日本語に訳しなさい。

(1) Nǐ Hànyǔ shuōde zhēn hǎo!

(2) Nǐmen kěyǐ huí jiā.

(3) Wǒ dǎsuàn gěi Zhōngguó péngyou zuò Rìběncài.

2．中国語に訳し、ピンインを書いて発音しなさい。

(1) 彼はテニスをするのがとても上手だ。

(2) 母は私に服を1着買ってくれた。

(3) ここでは写真をとってもいいですか？

♦件 jiàn：〜着
♦衣服 yīfu：服

3．次の中国語の質問に対して中国語で答えなさい。

(1)

(2)

(3)

第 15 课　　参加 演讲比赛
Dì shíwǔ kè　　Cānjiā yǎnjiǎng bǐsài

快 十二 月 了，时间 过得 真 快。 每年 学校 都
Kuài shí'èr yuè le, shíjiān guòde zhēn kuài. Měinián xuéxiào dōu

举行 汉语演讲 比赛，今年 我 也 要 参加。
jǔxíng Hànyǔ yǎnjiǎng bǐsài, jīnnián wǒ yě yào cānjiā.

老师 让 我们 用 汉语 做 自我介绍。 我 已经 写好
Lǎoshī ràng wǒmen yòng Hànyǔ zuò zìwǒ jièshào. Wǒ yǐjīng xiěhǎo

稿子 了，但是，说得 还 不 太 流利。 我 有 一 个
gǎozi le, dànshì, shuōde hái bú tài liúlì. Wǒ yǒu yí ge

中国朋友 叫 李 龙，他 说，下 课 以后 可以 帮 我
Zhōngguó péngyou jiào Lǐ Lóng, tā shuō, xià kè yǐhòu kěyǐ bāng wǒ

练习 发音。
liànxí fāyīn.

我 从来 没 参加过 这 种 比赛，怕 一 上 台 就 会
Wǒ cónglái méi cānjiāguo zhè zhǒng bǐsài, pà yí shàng tái jiù huì

紧张。 我 觉得 这 次 比赛 是 锻炼 自己 的 好 机会，我
jǐnzhāng. Wǒ juéde zhè cì bǐsài shì duànliàn zìjǐ de hǎo jīhuì, wǒ

一定 要 好好 准备！
yídìng yào hǎohǎo zhǔnbèi!

スピーチコンテストに参加

　もうすぐ12月、時間がたつのは本当にはやい。毎年、学校は中国語スピーチコンテストを開催していて、今年は私も参加しようと思う。
　先生は私たちに中国語で自己紹介をさせる。もう原稿は書き上げたが、でもまだあまり流暢に話せない。私には李龍くんという中国人の友人がいて、彼が放課後発音の練習を手伝ってもいいと言ってくれている。
　私は今までこういったコンテストに参加したことがなく、壇上に上がったら緊張するのではと心配だ。今回のコンテストは自分を鍛えるよいチャンスだと思うので、必ずしっかり準備しよう！

新出語句

1.	参加	cānjiā	参加する、出る
2.	演讲比赛	yǎnjiǎng bǐsài	スピーチコンテスト
3.	过	guò	（時間が）過ぎる
4.	快	kuài	（スピードが）速い
5.	每年	měinián	毎年
6.	举行	jǔxíng	開催する
7.	要	yào	〜したい、〜するつもりだ
8.	老师	lǎoshī	先生、教師
9.	让	ràng	〜に…させる（使役）
10.	用	yòng	用いる、〜で
11.	写	xiě	書く
12.	〜好	hǎo	きちんと〜し終わる（☞第13課3. 結果補語）
13.	稿子	gǎozi	原稿

14.	流利	liúlì	流暢だ
15.	下课	xià kè	授業が終わる
16.	以后	yǐhòu	～してから、～したあと
17.	帮	bāng	助ける、手伝う
18.	练习	liànxí	練習する
19.	发音	fāyīn	発音
20.	从来	cónglái	いままで、かつて（多く否定文に用いる）
21.	种	zhǒng	種類（量詞）
22.	怕	pà	（～ではないかと）恐れる、心配する
23.	一～就…	yī~jiù…	～するとすぐ…する
24.	上台	shàng tái	壇上に上がる
25.	会	huì	～するはずだ、～するだろう
26.	紧张	jǐnzhāng	緊張する
27.	觉得	juéde	思う、感じる
28.	～次	cì	～回、～度（回数を数える量詞）
29.	锻炼	duànliàn	鍛える
30.	自己	zìjǐ	自分
31.	机会	jīhuì	チャンス、機会
32.	一定	yídìng	必ず、きっと、絶対に
33.	好好	hǎohǎo	しっかり、十分に（口語では"好好儿 hǎohāor"とも発音）
34.	准备	zhǔnbèi	準備する

ポイント

1. 助動詞 　"要 yào" ＋ 動詞　　ただし、以下の意味が厳密に区別できるわけではない。

◇ 必要・義務　　（～しなければならない、～する必要がある）　☞ 第12課4

◇ 強い願望や意志　（～したい、～するつもりだ）

① 学生**要**努力学习。　Xuésheng **yào** nǔlì xuéxí.　　　◆ 努力：努力する、頑張る

② 寒假我**要**去驾驶学校。　　　　　　　　　　　　　◆ 寒假：冬休み
　　Hánjià wǒ **yào** qù jiàshǐ xuéxiào.　　　　　　　　◆ 驾驶学校：自動車学校

助動詞 "要" にはほかにも、**近い将来の発生**（"要～了"：もうすぐ～する）、**習慣・傾向や趨勢**（よく～する、～することになっている）といった意味がある。

2. 使役　　主語＋"让 ràng"人＋動詞　（人に～させる）　否定文は"让"を否定する。

③ 老师**让**学生背课文。
Lǎoshī **ràng** xuéshēng bèi kèwén.
♦ 背：暗誦する
♦ 课文：教科書の本文

④ **让**我想一想。　Ràng wǒ xiǎng yi xiǎng.
♦ 想：考える

⑤ 父母**不让**我一个人去旅游。
Fùmǔ **bú ràng** wǒ yí ge rén qù lǚyóu.
♦ 父母：両親
♦ 旅游：旅行する

3. "一～就… yī~jiù…"（～するとすぐ…する）　"就"は副詞なので、主語の後、動詞の前に。

⑥ 我**一**看**就**知道这是假货。
Wǒ **yí** kàn **jiù** zhīdào zhè shì jiǎhuò.
♦ 知道：分かる、知る
♦ 假货：にせ物
♦ 下课：授業が終わる
♦ 打工：アルバイトする

⑦ 他**一**下课**就**去打工。
Tā **yí** xià kè **jiù** qù dǎ gōng.

⑧ **一**到下午，我**就**特别困。
Yí dào xiàwǔ, wǒ **jiù** tèbié kùn.
♦ 到：達する、（ある時点に）なる
♦ 困：眠い

4. 助動詞　　"会 huì"＋動詞

◇ 可能（会得）（～することができる）☞ 第11課2
◇ 可能性　　（～するはずだ、～するだろう）

⑨ 明天**会**下雪吗？　Míngtiān **huì** xià xuě ma?
♦ 下雪：雪が降る

⑩ 他不**会**反对。　Tā bú **huì** fǎnduì.
♦ 反对：反対する

【演讲比赛的稿子】

大家 好！
Dàjiā hǎo!

我 姓 高木，叫 高木 爱。 我 是 京谷大学 经济学系 一 年级
Wǒ xìng Gāomù, jiào Gāomù Ài. Wǒ shì Jīnggǔ Dàxué jīngjìxuéxì yī niánjí

的 学生。
de xuésheng.

我 家 在 大阪。 我 每天 坐 电车 来 学校，从 我 家 到 学校
Wǒ jiā zài Dàbǎn. Wǒ měitiān zuò diànchē lái xuéxiào, cóng wǒ jiā dào xuéxiào

要 一 个 半 小时 左右。
yào yí ge bàn xiǎoshí zuǒyòu.

我 的 爱好 是 听 音乐，我 很 喜欢 听 流行歌曲。 我 也 很 喜欢
Wǒ de àihào shì tīng yīnyuè, wǒ hěn xǐhuan tīng liúxíng gēqǔ. Wǒ yě hěn xǐhuan

学习 汉语。 不过，平时 除了 上 课 以外，没有 机会 说 汉语，所以
xuéxí Hànyǔ. Búguò, píngshí chúle shàng kè yǐwài, méiyǒu jīhuì shuō Hànyǔ, suǒyǐ

会话能力 比较 差。 我 想 跟 中国朋友 好好 练习 会话。
huìhuà nénglì bǐjiào chà. Wǒ xiǎng gēn Zhōngguó péngyou hǎohǎo liànxí huìhuà.

明年 暑假，我 打算 去 中国 旅游。 我 想 爬爬 雄伟 的
Míngnián shǔjià, wǒ dǎsuàn qù Zhōngguó lǚyóu. Wǒ xiǎng pápa xióngwěi de

长城， 尝尝 各地 的 小吃，抱抱 可爱 的 熊猫。 我 还 想
Chángchéng, chángchang gèdì de xiǎochī, bàobao kě'ài de xióngmāo. Wǒ hái xiǎng

亲眼 看看 中国人 的 日常生活， 跟 他们 多多 交流，开阔
qīnyǎn kànkan Zhōngguórén de rìcháng shēnghuó, gēn tāmen duōduō jiāoliú, kāikuò

眼界。 将来 我 想 从事 跟 中国 有关 的 工作。 谢谢 大家！
yǎnjiè. Jiānglái wǒ xiǎng cóngshì gēn Zhōngguó yǒuguān de gōngzuò. Xièxie dàjiā!

みなさん、こんにちは！
　私は高木、高木愛といいます。私は京谷大学経済学部1年生の学生です。
　私の家は大阪にあります。毎日電車で学校に来ていて、家から学校まで1時間半ぐらいかかります。
　私の趣味は音楽鑑賞で、流行歌を聴くのが好きです。中国語を勉強することも好きです。でも、ふだんは授業以外に中国語を話す機会がないので、会話能力がわりと劣っています。中国の友だちとしっかり会話の練習をしたいです。
　来年の夏休み、私は中国に旅行に行くつもりです。雄大な万里の長城に登ったり、各地の料理を味わったり、かわいいパンダを抱いたりしてみたいです。それから自分の目で中国人の日常生活を見て、彼らとたくさん交流し、視野を広げたいです。将来は中国と関係のある仕事につきたいと思っています。
　みなさん、ありがとうございました！

「スピーチ原稿」の語句

1.	除了~以外	chúle~yǐwài	~を除いて、~以外
2.	所以	suǒyǐ	なので、だから
3.	会话	huìhuà	会話
4.	能力	nénglì	能力
5.	比较	bǐjiào	比較的、わりと
6.	差	chà	劣る
7.	跟	gēn	~と、~のあとについて
8.	明年	míngnián	来年
9.	暑假	shǔjià	夏休み
10.	旅游	lǚyóu	旅行する
11.	爬	pá	登る
12.	雄伟	xióngwěi	雄大だ
13.	长城	Chángchéng	万里の長城
14.	尝	cháng	味わう、味をみる
15.	各地	gèdì	各地
16.	小吃	xiǎochī	簡単な料理、軽食
17.	抱	bào	抱く
18.	可爱	kě'ài	かわいい
19.	熊猫	xióngmāo	パンダ
20.	还	hái	さらに、そのうえ
21.	亲眼	qīnyǎn	自分の目で
22.	日常生活	rìcháng shēnghuó	日常生活
23.	多多	duōduō	たくさん
24.	交流	jiāoliú	交流する
25.	开阔眼界	kāikuò yǎnjiè	視野を広げる

26.	将来	jiānglái	将来
27.	从事	cóngshì	仕事につく、従事する
28.	跟～有关	gēn~yǒuguān	～と関係がある
29.	工作	gōngzuò	仕事

5. "除了 chúle ～ 以外 yǐwài"（～を除いて、～以外）

しばしば"还 hái"（さらに）、"都 dōu"（すべて）をともなう。

⑪ **除了**英语**以外**，他**还**会说德语。
　Chúle Yīngyǔ yǐwài, tā hái huì shuō Déyǔ.　　◆德语：ドイツ語

⑫ **除了**我**以外**，**都**是留学生。
　Chúle wǒ yǐwài, dōu shì liúxuéshēng.

6. "有" ＋ 名詞 ＋ 動詞／動詞フレーズ〔前の名詞を説明する〕

⑬ 我没有时间去旅游。
　Wǒ méiyǒu shíjiān qù lǚyóu.

⑭ 我有一个问题想问老师。　　◆问：たずねる
　Wǒ yǒu yí ge wèntí xiǎng wèn lǎoshī.　　◆问题：問題

下線部を自分の状況に置き換えてスピーチ原稿を作り、発表しましょう。

大家好！

我姓高木，叫高木爱。我是京谷大学经济学系一年级的学生。

我家在大阪。我每天坐电车来学校，从我家到学校要一个半小时左右。

我的爱好是听音乐，我很喜欢听流行歌曲。我也很喜欢学习汉语。不过，平时除了上课以外，没有机会说汉语，所以会话能力比较差。我想跟中国朋友好好练习会话。

明年暑假，我打算去中国旅游。我想爬爬雄伟的长城，尝尝各地的小吃，抱抱可爱的熊猫。我还想亲眼看看中国人的日常生活，跟他们多多交流，开阔眼界。将来我想从事跟中国有关的工作。

谢谢大家！

你也参加演讲比赛吧！
Nǐ yě cānjiā yǎnjiǎng bǐsài ba!

我们一起加油！
Wǒmen yìqǐ jiāyóu!

♦ 加油：頑張る

第 16 课　　为什么呢？
Dì shíliù kè　　Wèi shénme ne?

昨天有世界杯足球赛，选手们踢得真漂亮！龙龙说，他一直看电视，凌晨四点半才睡觉。

李龙：**我 今天 有点儿 不 舒服。**
Wǒ jīntiān yǒudiǎnr bù shūfu.

高木：**怎么 了？ 脸色 也 不 太 好。**
Zěnme le? Liǎnsè yě bú tài hǎo.

李龙：**我 很 困，昨天 只 睡 了 三 个 小时。**
Wǒ hěn kùn, zuótiān zhǐ shuì le sān ge xiǎoshí.

高木：**为 什么 呢？**
Wèi shénme ne?

李龙：**因为 我 看 足球比赛 了。**
Yīnwèi wǒ kàn zúqiú bǐsài le.

高木：**哎呀，上 课 的 时候 不要 睡 觉！**
Āiyā, shàng kè de shíhou búyào shuì jiào!

どうして？

昨日はサッカーのワールドカップの試合があって、選手たちのプレーは本当にすばらしかった。龍くんは、ずっとテレビを見ていて、明け方の4時半に寝たと言っていた。

李龍： 今日はちょっと気分が悪い。
高木： どうしたの？ 顔色もあまりよくないですね。
李龍： すごく眠い、昨日3時間しか寝ていません。
高木： どうして？
李龍： サッカーの試合を見ていたので。
高木： あら～、授業中寝ないでくださいよ！

新出語句

1.	有点儿	yǒudiǎnr	少し（好ましくないこと）
2.	怎么了	zěnme le	どうしたのか
3.	脸色	liǎnsè	顔色
4.	困	kùn	眠い
5.	只	zhǐ	ただ、～だけ
6.	睡（睡觉）	shuì (shuì jiào)	寝る
7.	为什么	wèi shénme	なぜ
8.	呢	ne	文末の助詞、疑問詞疑問文につけて語気をやわらげる
9.	因为	yīnwèi	なぜならば
10.	足球	zúqiú	サッカー
11.	比赛	bǐsài	試合
12.	哎呀	āiyā	あらまぁ、ああ（驚いたときに発する）
13.	上课	shàng kè	授業を受ける
14.	～的时候	de shíhou	～するとき、～のころ
15.	不要	búyào	～しないでください

導入文の語句

1)	世界杯足球赛	shìjièbēi zúqiúsài	サッカーワールドカップ
2)	选手	xuǎnshǒu	選手
3)	踢	tī	蹴る、（サッカーを）する
4)	一直	yìzhí	ずっと
5)	凌晨	língchén	明け方、早朝
6)	才	cái	ようやく、やっと

 **ポイント**

1. "有点儿 yǒudiǎnr" ＋ 動詞／形容詞 （すこし～だ）

多くは、話し手にとって好ましくないことや望ましくないことについていう。

① 这本书**有点儿**贵。　Zhè běn shū **yǒudiǎnr** guì.　　◆贵：値段が高い

② 他脸色不好，我**有点儿**担心。　　　　　　　　　　◆担心：心配する
　Tā liǎnsè bù hǎo, wǒ **yǒudiǎnr** dān xīn.

✎ ＿＿＿＿＿＿＿＿＿＿＿＿＿＿＿＿＿＿＿＿＿＿＿＿。　今日はすこし寒い。

✎ ＿＿＿＿＿＿＿＿＿＿＿＿＿＿＿＿＿＿＿＿＿＿＿＿。
　この料理はちょっとからいけど、でもおいしい。　　◆辣 là：からい

"一点儿" は数量詞の「すこし」。動詞や形容詞とともに用いる場合は語順に注意！

動詞／形容詞　＋ "一点儿 yìdiǎnr"

③ 今天比昨天冷**一点儿**。　Jīntiān bǐ zuótiān lěng **yìdiǎnr**.

④ 我想喝**一点儿**饮料。　Wǒ xiǎng hē **yìdiǎnr** yǐnliào.

2. "为什么 wèi shénme" （なぜ）　　"因为 yīnwèi …" （なぜならば…なので）

"因为" は、話し言葉や短い文ではしばしば省略される。

⑤ 他**为什么**没来？　　　Tā **wèi shénme** méi lái?

　──（**因为**）他感冒了。　(**Yīnwèi**) tā gǎnmào le.　◆感冒：風邪を引く

⑥ 他**为什么**汉语说得那么好？　　　　　　　　　　◆那么：あんなに
　Tā **wèi shénme** Hànyǔ shuōde nàme hǎo?

　──（**因为**）他爷爷是中国人。　　　　　　　　　◆爷爷：おじいさん
　(**Yīnwèi**) tā yéye shì Zhōngguórén.

✎ ＿＿＿＿＿＿＿＿＿＿＿＿＿？── ＿＿＿＿＿＿＿＿＿＿＿＿＿＿＿＿。
　あなたはなぜ来ないのですか？── アルバイトに行かなければならないからです。

✎ ＿＿＿＿＿＿＿＿＿＿＿＿＿？── ＿＿＿＿＿＿＿＿＿＿＿＿＿＿＿＿。
　あなたはなぜ中国語を勉強するのですか？── 中国に旅行に行きたいからです。

"为什么" は主語の前に置いてもよい。

⑦ **为什么**他没来？　Wèi shénme tā méi lái?

理由を先に言うときは **"(因为 yīnwèi) …, 所以 suǒyǐ 〜"**（…なので〜だ）

⑧ (**因为**) 他感冒了，**所以**昨天没来。
(**Yīnwèi**) tā gǎnmào le, **suǒyǐ** zuótiān méi lái.

3. "〜 **的 时候** de shíhou"（〜するとき、〜のころ）

⑨ 他去中华街**的时候**买了很多茶叶。
Tā qù Zhōnghuájiē **de shíhou** mǎi le hěn duō cháyè.

◆ 茶叶：茶葉

⑩ 我高中**的时候**学过一点儿汉语。
Wǒ gāozhōng **de shíhou** xuéguo yìdiǎnr Hànyǔ.

◆ 高中：高校

✎ _____。　今日は授業中とても眠い。

✎ _____。　彼は小学校のころわんぱくだった。

◆ 小学 xiǎoxué：小学校
◆ 淘气 táoqì：わんぱく

4. 禁止　"**不要** búyào／**别** bié" ＋ 動詞　（〜しないでください）

⑪ 今天我请客，**不要**客气。
Jīntiān wǒ qǐng kè, **búyào** kèqi.

◆ 请客：ごちそうする
◆ 客气：遠慮する

⑫ 他在学习呢，你**别**打扰他。
Tā zài xuéxí ne, nǐ **bié** dǎrǎo tā.

◆ 打扰：邪魔をする

✎ _____。　私は大丈夫です、心配しないで。

✎ _____。
車を運転するときは、携帯電話をいじらないでください。

◆ 开车 kāi chē：車を運転する
◆ 玩儿 wánr：いじる、あそぶ
◆ 手机 shǒujī：携帯電話

会話コーナー

A：你 喜欢 什么 季节？ ♦ 季节 jìjié：季節

B：我 喜欢 ＿＿＿＿＿。

春天　chūntiān
夏天　xiàtiān
秋天　qiūtiān
冬天　dōngtiān

A：为什么 呢？

B：因为 ＿＿＿＿＿＿＿＿＿＿＿＿＿＿。

| 樱花 | yīnghuā | 红叶 | hóngyè | 漂亮 | piàoliang | | ♦ 紅葉 |
| 游泳 | yóu yǒng | 滑雪 | huá xuě | 滑冰 | huá bīng | 下雪 | xià xuě |

　　　　　　　　♦スキーをする　　♦スケートをする　　♦雪が降る

 スポーツのいろいろ

足球	zúqiú	サッカー	高尔夫球	gāo'ěrfūqiú	ゴルフ
棒球	bàngqiú	野球	太极拳	tàijíquán	太極拳
羽毛球	yǔmáoqiú	バドミントン	柔道	róudào	柔道
乒乓球	pīngpāngqiú	卓球	空手道	kōngshǒudào	空手
篮球	lánqiú	バスケットボール	马拉松	mǎlāsōng	マラソン
网球	wǎngqiú	テニス	跑步	pǎo bù	ジョギングする
排球	páiqiú	バレーボール	游泳	yóu yǒng	泳ぐ
橄榄球	gǎnlǎnqiú	ラグビー	滑雪	huá xuě	スキーをする
美式橄榄球	Měishì gǎnlǎnqiú	アメリカンフットボール	滑冰	huá bīng	スケートをする

動詞は、サッカーは"踢 tī"、その他の球技は"打 dǎ"、太極拳・柔道・空手は"练 liàn"、マラソンは"跑 pǎo"を使います。（太極拳は"打 dǎ"も）

練習問題

1．次のピンインを中国語（簡体字）にし、日本語に訳しなさい。

   (1) Tā de liǎnsè yǒudiǎnr bù hǎo.

   (2) Wǒ hěn kùn, yīnwèi zuótiān zhǐ shuì le sì ge xiǎoshí.

   (3) Tā zài shàng kè ne, búyào gěi tā dǎ diànhuà.

   ◆打电话 dǎ diànhuà：電話をかける

2．中国語に訳し、ピンインを書いて発音しなさい。

   (1) 私は去年中国へ旅行に行ったとき、この茶葉を買った。 ◆去年 qùnián：去年

   (2) 中国語の発音はちょっと難しい。 ◆发音 fāyīn：発音

   (3) 彼はなぜ今日来ていないのですか？ ◆难 nán：難しい

 3．次の中国語の質問に対して中国語で答えなさい。

   (1)

   (2)

   (3)

第 17 课　　有些 地方 看不懂。
Dì　shíqī　kè　　Yǒuxiē　dìfang　kànbudǒng.

　　龙龙借给我一本中国杂志。那本杂志介绍服装、流行音乐、电影什么的，内容非常丰富。

李龙：**我 把 中国杂志 带来 了。**
　　　Wǒ　bǎ　Zhōngguó zázhì　dàilái　le.

高木：**太 好 了！ 我 看看。**
　　　Tài　hǎo　le!　　Wǒ　kànkan.

李龙：**怎么样？ 都 看得懂 吗？**
　　　Zěnmeyàng?　Dōu　kàndedǒng　ma?

高木：**有些 地方 看不懂。**
　　　Yǒuxiē　dìfang　kànbudǒng.

李龙：**我 不 看 了，你 可以 带回去。**
　　　Wǒ　bú　kàn　le,　nǐ　kěyǐ　dàihuíqù.

高木：**那，我 在 家 慢慢 看。**
　　　Nà,　wǒ　zài　jiā　mànmàn　kàn.

分からないところもあります。

龍くんが中国の雑誌を1冊貸してくれた。その雑誌は、ファッションや流行音楽や映画などを紹介していて、内容がとても盛りだくさん。

李龍： 中国の雑誌を持って来ました。
高木： やったぁ！ ちょっと見てみます。
李龍： どう？ 全部分かりますか？
高木： 分からないところもあります。
李龍： 僕はもう見ないから、持って帰ってもいいですよ。
高木： じゃあ、家でゆっくり読みます。

新出語句

1. 把　　　　bǎ　　　　　　〜を
2. 杂志　　　zázhì　　　　　雑誌
3. 带　　　　dài　　　　　　たずさえる、持つ
4. 看得懂　　kàndedǒng　　　読んで理解できる
5. 有些　　　yǒuxiē　　　　　いくらか、一部の
6. 地方　　　dìfang　　　　　ところ、場所
7. 看不懂　　kànbudǒng　　　読んで理解できない
8. 回去　　　huíqù　　　　　帰る、帰って行く
　　带回去 dàihuíqù「持って帰る、持って帰って行く」 ☞ くわしい解説「方向補語」p.132
9. 慢慢　　　mànmàn　　　　ゆっくり（口語では"慢慢儿 mànmānr"とも発音）

導入文の語句

1) 借给〜　　jiègěi　　　　　〜に貸す
2) 服装　　　fúzhuāng　　　　ファッション
3) 内容　　　nèiróng　　　　　内容
4) 丰富　　　fēngfù　　　　　豊富だ、豊かだ

 ポイント

1. "把 bǎ" 構文
"把 bǎ" ＋ 目的語〔特定のもの〕＋ 動詞〔具体的な結果をあらわす表現〕（～を……する）

ある特定のものについて、具体的にどうするか、どうしたかをいう表現。

"把"を用いて動詞の前に出す目的語は、話し手にとって特定のもの。動詞は、具体的な結果や変化をあらわす成分（方向補語・結果補語など）をともなう。

① 我**把**这本书看完了。　Wǒ **bǎ** zhè běn shū kànwán le.

② 太热了，**把**窗户打开吧。
　　Tài rè le, **bǎ** chuānghu dǎkāi ba.
　　　　　　　　　　　　　　　　　　　　♦ 窗户：窓
　　　　　　　　　　　　　　　　　　　　♦ 打开：開ける

③ 我**把**课本忘在学校了。
　　Wǒ **bǎ** kèběn wàngzài xuéxiào le.
　　　　　　　　　　　　　　　　　　　　♦ 忘在：～に忘れる

✎ _____。　私は今日の宿題をやり終えた。

2. 方向補語　**動詞 ＋（場所）＋ "去 qù ／来 lái"**

☞ くわしい解説「方向補語」p.132

動詞の後ろに"去""来"を置き、話し手から見た動作の方向をあらわす。

④ 下课以后他进**来**了。　Xià kè yǐhòu tā jìn**lái** le.　♦ 进：入る

⑤ 已经六点了，我们回**去**吧。　Yǐjīng liù diǎn le, wǒmen huí**qù** ba.

✎ _____。
　　もうすぐ10時だ、でも父はまだ帰って来ていない。

✎ _____。
　　明日辞書を持って来てくださいね。　　　　　　　♦ 明天 míngtiān：明日

3. 可能補語　**動詞 ＋ "得 de" ＋ 結果補語／方向補語など**
　　　　　　　　　　　　　"不 bu"

動詞と結果補語や方向補語のあいだに"得""不"をはさんで、可能あるいは不可能をあらわす。

｛ 听**得**懂 tīng**de**dǒng （聞いて理解できる）　　｛ 看**得**见 kàn**de**jiàn （見える）
｛ 听**不**懂 tīng**bu**dǒng （聞いて理解できない）　｛ 看**不**见 kàn**bu**jiàn （見えない）

♦ 见：目や耳で知覚する

第17課　有些地方看不懂。

$\begin{cases} 吃得完 \text{ chīdewán} & （食べ終わることができる）\\ 吃不完 \text{ chībuwán} & （食べ終われない）\end{cases}$ $\begin{cases} 回得来 \text{ huídelái} & （帰って来られる）\\ 回不来 \text{ huíbulái} & （帰って来られない）\end{cases}$

⑥ 老师说的汉语，我一点儿也**听不懂**。
Lǎoshī shuō de Hànyǔ, wǒ yìdiǎnr yě **tīngbudǒng**.

⑦ 这么厚的书，我一天**看不完**。
Zhème hòu de shū, wǒ yì tiān **kànbuwán**.

♦ 这么：こんなに
♦ 厚：厚い
♦ ～天：～日間

✎ _____？

中華街は、一日で帰って来られますか？

✎ _____。

彼の声は小さすぎて、私は聞こえない。

♦ 声音 shēngyīn：声
♦ 小 xiǎo：小さい

4. 変化の "了 le"（〜になる、〜になった）

"了"は、動作の完了や実現（〜した、☞ 第5課2）のほか状況の変化を表す。
状態を表す動詞・形容詞・名詞を述語とする文の文末に置く場合や、"不～了"など。

⑧ 我喜欢你**了**。　　　　Wǒ xǐhuan nǐ **le**.

⑨ 没有时间**了**。　　　　Méiyǒu shíjiān **le**.

⑩ 天黑**了**，人也少**了**。　Tiān hēi **le**, rén yě shǎo **le**.

⑪ 明年我们二十岁**了**。　Míngnián wǒmen èrshí suì **le**.

⑫ 时间晚**了**，我**不**去**了**。　Shíjiān wǎn **le**, wǒ **bú** qù **le**.

♦ 时间：時間
♦ 天：空
♦ 黑：暗い
♦ 明年：来年
♦ 晚：時間が遅い

✎ _____。私は中国語が話せるようになった。

✎ _____。私は少し眠くなった。

第11課 "你学了多长时间日语了?" や、第13課 "快做完了" の "了" も変化の意味。

☞ 第11課3. **動詞＋"了"＋時間の長さなど（＋目的語）＋"了"**
☞ 第13課4. **"快～了 kuài~le"（もうすぐ〜する、もうすぐ〜になる）**

别说了！　　你胖了吗？

分からないところもあります。

会話コーナー

A：_____，你_____吗？

B：_____。

中文报纸	Zhōngwén bàozhǐ ：看得懂 kàndedǒng	◆中国語の新聞
我说的汉语	wǒ shuō de Hànyǔ ：听得懂 tīngdedǒng	
黑板上的字	hēibǎn shang de zì ：看得见 kàndejiàn	◆黒板の字

練習問題

1．次のピンインを中国語（簡体字）にし、日本語に訳しなさい。

(1) Nǐ bǎ zhè běn zázhì dàihuíqù ba.

(2) Tā shuō de Hànyǔ, yǒuxiē dìfang tīngbudǒng.

(3) Nǐmen kěyǐ huíqù le.

2．中国語に訳し、ピンインを書いて発音しなさい。

(1) 私は少しも聞き取れない。

(2) 黒板の字は、あなたたちは見えますか？

(3) 今日は授業（を受けに）に行かないことにした。

3．次の中国語の質問に対して中国語で答えなさい。

(1)

(2)

(3)

128　第17课　有些地方看不懂。

 くわしい解説

中国語の主語

　中国語の主語は、話し手が**話題**としてまず文のはじめに置くものを、述語はその話題に関して説明する部分のことをいいます。

- 我 吃了那个面包。　　Wǒ chī le nà ge miànbāo.　　私はそのパンを食べた。
- 学习汉语 很有意思。Xuéxí Hànyǔ hěn yǒuyìsi.　　中国語を勉強するのはおもしろい。
- 漂亮不漂亮 不重要，善良 最重要。　Piàoliang bu piàoliang bú zhòngyào, shànliáng zuì zhòngyào.
　　　　　　　　　　　　　　　きれいかどうかは重要ではない、優しいのがいちばん大事だ。
- 教室里 正在上课呢。Jiàoshì li zhèngzài shàng kè ne.　　教室は授業中ですよ。
- 从你家到学校 要多长时间？Cóng nǐ jiā dào xuéxiào yào duō cháng shíjiān?
　　　　　　　　　　　　　あなたの家から学校までどれくらい時間がかかりますか。

このように、名詞だけでなく動詞や形容詞、フレーズも主語になります。

　そして、動詞述語文の場合、主語はかならずしも動作の主体（人や動物など、行為者）とは限らず、動作の対象や受け手（ものや人など）が主語になる場合もあります。

- 我 吃了那个面包。　　　Wǒ chī le nàge miànbāo.　　　私はそのパンを食べた。
- 那个面包，吃了。　　　Nà ge miànbāo, chī le.　　　　そのパンは食べた。
- ※那个面包，我吃了。　Nà ge miànbāo, wǒ chī le.　　そのパンは、私が食べた。
- 我 听懂了他说的汉语。　Wǒ tīngdǒng le tā shuō de Hànyǔ.　私は彼の話す中国語が聞き取れた。
- 他说的汉语，听懂了。　Tā shuō de Hànyǔ, tīngdǒng le.　　彼の話す中国語は、聞き取れた。
- ※他说的汉语，我听懂了。　Tā shuō de Hànyǔ, wǒ tīngdǒng le.
　　　　　　　　　　　　　　　　　彼の話す中国語は、私は聞き取れた。

　上の※の例は、話題と動作の主体の２つの主語がある構造ととらえることができます。形容詞述語文でも主語が２つある例は多くあります。

- 今天 天气 很好。　　Jīntiān tiānqì hěn hǎo.　　今日は天気が良い。
- 汉语 发音 很难。　　Hànyǔ fāyīn hěn nán.　　中国語は発音が難しい。
- 他 学习 很认真。　　Tā xuéxí hěn rènzhēn.　　彼は勉強（態度）が真面目だ。

　１つめの例でいうと、"今天"が主語、"天气 很好"が述語ですが、述語の部分がさらに 主語（"天气"）と述語（"很好"）に分かれるという二重の構造になっており、このような文は主述述語文と呼ばれます。意味は、

- 今天的天气 很好。　　Jīntiān de tiānqì hěn hǎo.　　今日の天気は良い。

とほぼ同じですが、話題として最初に示す部分、つまり主語が異なります。

復習 2

1．次の単語表を完成させなさい。

中国語（簡体字）	ピンイン	日本語
		どこ
	néng	
告 诉		
		大丈夫だ、問題ない
	búcuò	

2．次のピンインを中国語（簡体字）にし、日本語に訳しなさい。

(1) Nǐ xǐhuan xiàtiān, háishi xǐhuan dōngtiān?

(2) Zhège zhōumò wǒ dǎsuàn qù yóu yǒng.

(3) Nǐ shì shénme shíhou mǎi de?

(4) Zhè běn zázhì, wǒ yǒuxiē dìfang kànbudǒng.

(5) Wǒ jīntiān yǒudiǎnr kùn.

3．中国語（簡体字）に訳しなさい。

(1) あなたは中国語を話すのがとても上手ですね。

(2) 持って帰ってもいいですか？

(3) 授業中寝ないでください。

(4) 私は宿題をしているところです。

(5) あなたはどのくらい日本語を勉強していますか？

4．日本語の意味に合うように並べ替えなさい。

(1) 电视，小时，他，了，了，两个，看　　〔彼は2時間テレビを見ています。〕

(2) 你，我，介绍，一下，给　　〔あなたにちょっと紹介しましょう。〕

(3) 带来，我，把，了，中国杂志　　〔私は中国の雑誌を持って来ました。〕

(4) 英语，汉语，一点儿，比，难　　〔中国語は英語よりちょっと難しい。〕

(5) 我，能，会，一千米，游，游泳　　〔私は泳げます、1000メートル泳げます。〕

5．中国語の発音を聴いて、空欄に中国語（簡体字）を書き入れなさい。

＿＿＿＿＿＿，我＿＿＿＿去＿＿＿＿＿＿。我想爬爬雄伟的长城，＿＿＿＿＿各地的＿＿＿＿＿，抱抱可爱的＿＿＿＿＿。我还＿＿＿＿＿亲眼看看中国人的日常生活，跟他们多多＿＿＿＿＿，开阔眼界。将来我想从事＿＿＿＿＿中国＿＿＿＿＿的工作。

这本书学完了。
再见！

拜拜～！

 くわしい解説

方向補語

方向補語には "去" "来" のほかに次の語があります。

| 上 shàng （上へ） | 进 jìn （中へ） | 回 huí （戻る） | 起 qǐ （上の方へ） |
| 下 xià （下へ） | 出 chū （外へ） | 过 guò （通過する） | 开 kāi （離れる） |

- 飞上 fēishàng 飛び上がる
- 坐下 zuòxià 坐る
- 跑进 pǎojìn 駆け込む
- 拿出 náchū 取り出す
- 送回 sònghuí 送り返す
- 走过 zǒuguò 通り過ぎる
- 站起 zhànqǐ 立ち上がる
- 拉开 lākāi 引き離す

これらは "去" "来" と組み合わせることができます。

動詞 + 上・下・进・出・回・过・起・开 + "去／来"

- 他从教室跑出去了。　Tā cóng jiàoshì pǎochūqù le.　彼は教室から駆け出して行った。
- 我打算把茶叶买回来。Wǒ dǎsuàn bǎ cháyè mǎihuílái.
　私はお茶の葉を買って帰って来るつもりだ。
- 邻居昨天搬进来了。　Línjū zuótiān bānjìnlái le.　お隣さんは昨日引っ越して来た。

また、方向補語は、実際の方向のほかに抽象的な意味をあらわすものもあります。

上 shàng （くっつく、目的に達する）	下去 xiàqù （継続）
下 xià （安定、固定して残る）	下来 xiàlái （静・弱・暗へ変化する）
起来 qǐlái （開始、〜してみると）	出 chū （生産、実現）

- 关上 窗户　guānshàng chuānghu　窓を閉める
- 考上 大学　kǎoshàng dàxué　大学に合格する
- 留下 印象　liúxià yìnxiàng　印象を残す
- 哭起来　kūqǐlái　泣き出す
- 看起来　kànqǐlái　見たところ
- 努力下去　nǔlì xiàqù　努力し続ける
- 安静下来　ānjìng xiàlái　静かになる
- 做出 贡献　zuòchū gòngxiàn　貢献をする

また、方向補語を用いた文に目的語がある場合、
場所をあらわす名詞は、動詞と"去／来"のあいだに置きます。

　　　　　動詞 ＋ 場所 ＋ "去／来"
　　　　　動詞 ＋ 上・下・进・出・回・过・起・开 ＋ 場所 ＋ "去／来"

- 我们回家去吧。　　　Wǒmen huí jiā qù ba.　　　家に帰りましょう。
- 他跑进教室来了。　　Tā pǎojìn jiàoshì lái le.　　彼は教室に駆け込んで来た。

ものをあらわす名詞も同じ位置に置きますが、

　　　　　動詞 ＋ もの ＋ "去／来"
　　　　　動詞 ＋ 上・下・进・出・回・过・起・开 ＋ もの ＋ "去／来"

- 你们带雨伞去吧。　　Nǐmen dài yǔsǎn qù ba.　　傘を持って行きなさいよ。
- 她买回蔬菜来了。　　Tā mǎihuí shūcài lái le.　　彼女は野菜を買って帰って来た。

完了の"了"を用いた文では、量詞などをともなって"了"の後ろに置くこともあります。
- 我带来了一把雨伞。　　Wǒ dàilái le yì bǎ yǔsǎn.　　私は傘を1本持って来た。
- 她买回来了很多蔬菜。　Tā mǎihuílái le hěn duō shūcài.
　　　　　　　　　　　　　　　　　　　　　彼女は野菜をたくさん買って帰って来た。

方向補語の部分は軽く読むことが多いので、軽声で表記することもあります。
本書では、もとの発音が把握できるように、声調をつけています。

 くわしい解説

"在～"のあとの名詞

"在～"のうしろには、場所をあらわす名詞がつづきます。

"书包 shūbāo"（かばん）"口袋 kǒudài"（ポケット）"冰箱 bīngxiāng"（冷蔵庫）"沙发 shāfā"（ソファー）"书架 shūjià"（本棚）のように、もともと場所をあらわす名詞ではなく、**ものをあらわす名詞**の場合、それが場所であることをはっきり示すために、"里 li"や"上 shang"といった方位詞をつけなければなりません。

"里"は空間や入れ物としての、"上"は面としての場所をあらわします。

- 钱包 在 口袋里。　　　Qiánbāo zài kǒudài **li**.　　　財布はポケットの中にある。
- 他 在 汽车里 吃盒饭。　Tā zài qìchē **li** chī héfàn.　　彼は車でお弁当を食べる。
- 中日词典 在 书架上。　ZhōngRì cídiǎn zài shūjià **shang**.　中日辞典は本棚にある。
- 我 妈妈 经常 在 沙发上 睡觉。Wǒ māma jīngcháng zài shāfā **shang** shuì jiào.
　　　　　　　　　　　　　　　　　　　　　　　　　　母はよくソファーで寝る。

"食堂 shítáng""学校 xuéxiào""教室 jiàoshì""家 jiā""图书馆 túshūguǎn"（図書館）"商店 shāngdiàn"（店）"车站 chēzhàn"（駅）"公园 gōngyuán"（公園）のように、**施設・建物・機関・企業など場所をあらわす名詞**の場合、"里"や"上"は省略できます。本書では、おおむね省略した形で書いています。

- 他 在 图书馆（里）。　　Tā zài túshūguǎn (li).　　彼は図書館にいる。
- 他们 在 公园（里）打 太极拳。Tāmen zài gōngyuán (li) dǎ tàijíquán.
　　　　　　　　　　　　　　　　　　　　　　彼らは公園で太極拳をする。

ただし、場所をあらわす名詞が"在～"の構文ではなく、主語として用いられる場合は、必ず"里"や"上"が必要です。

- 图书馆里 没有 洗手间。　Túshūguǎn li méiyǒu xǐshǒujiān.　図書館にはトイレがない。
- 公园里 种着 很多 郁金香。Gōngyuán li zhòngzhe hěn duō yùjīnxiāng.
　　　　　　　　　　　　　　　　　　　公園にはたくさんのチューリップが植わっている。

ちなみに、場所をあらわす名詞のように見えても、
"～子"の形の単語・1文字の単語（"家"をのぞく）には、必ず"里"や"上"が必要です。

　　　"房子 fángzi"（建物としての家）　　"院子 yuànzi"（庭）　　"屋子 wūzi"（部屋）
　　　"街 jiē"（大通り）　　"路 lù"（道路）　　"床 chuáng"（ベッド）　　"海 hǎi"（海）

・爷爷 在院子里 晒太阳。　　Yéye zài yuànzi li shài tàiyáng.
　　　　　　　　　　　　　　　　　　　　　　祖父は庭でひなたぼっこをする。
・我 在路上 听到 那个消息。Wǒ zài lù shang tīngdào nà ge xiāoxi.
　　　　　　　　　　　　　　　　　　　　　　私は路上でその知らせを聞いた。

語彙索引（ピンイン順）

数字は初出のページ番号。**太字**は本文の新出語句で、一覧を載せるページ番号を記した。
本文および導入文の新出語句でそれ以前にもあるものは、初出のページ番号のみ併記した。

A

a	啊	文末の助詞（感嘆）	53
àihào	爱好	趣味	66
āiyā	哎呀	あらまぁ、ああ	119
Àiyuán	爱媛	愛媛	45
Àizhī	爱知	愛知	45
ānzhuāng	安装	インストールする	75
Àodàlìyà	澳大利亚	オーストラリア	91

B

ba	吧	文末の助詞（提案・命令・推量など）	21
bā	八	八	35
bǎ	把	～を	**125**
bàba	爸爸	お父さん、父	34
bǎi	百	百	35
bān	班	クラス	35
bàn	半	半	40, **59**
bāng	帮	助ける、手伝う	**111**
bāng máng	帮忙	助ける、手伝う	97
bàngōnglóu	办公楼	事務棟	50
bàngōngshì	办公室	事務室	51
bàngqiú	棒球	野球	56
bàngqiú bǐsài	棒球比赛	野球の試合	56
bàn nián	半年	半年	87
bào	抱	抱く	**114**
bàozhǐ	报纸	新聞	94
bāshì	巴士	バス	62
bēi	～杯	～杯（コップ）	72
bèi	背	暗誦する	112
běibian	北边	北	49
Běihǎidào	北海道	北海道	45
Běijīng	北京	北京	75, **81**
Běijīng kǎoyā	北京烤鸭	北京ダック	56
běimén	北门	北門	50
Běiyě Tiānmǎngōng	北野天满宫	北野天満宮	63
běn	～本	～冊	**71**
bǐ	笔	ペン	24
bǐ	比	～より	**81**
biànlìdiàn	便利店	コンビニ	41
bié	别	～するな（禁止）	121
bǐjiào	比较	比較的、わりと	28, **114**
bǐjìběn	笔记本	ノート	72
bìngdú	病毒	ウイルス	75
Bīngkù	兵库	兵庫	45
bīngqílín	冰淇淋	アイスクリーム	78
bǐsàbǐng	比萨饼	ピザ	31
bǐsài	比赛	試合、コンテスト	56, 110, **119**
Bìshèngkè	必胜客	ピザハット	78
bì yè	毕业	卒業する	93
bù	不	～ではない、～ない	15
búcuò	不错	すばらしい	**71**
búguò	不过	でも、しかし	27
bú tài	不太	あまり～でない	27
búyào	不要	～するな（禁止）	119

C

cái	才	たった、わずかに	87
		ようやく、やっと	119
cài	菜	料理	39
Cǎihóng dàqiáo	彩虹大桥	レインボーブリッジ	64
cānjiā	参加	参加する、出る	**110**
cāntīng	餐厅	レストラン	42, 53
céng	～层	～階	47
chá	茶	お茶	72
chà	差	劣る	**114**
cháng	长	長い	**59**
cháng	尝	味わう、味をみる	88, **114**
chàng	唱	うたう	30, **105**
chàng gē	唱歌	歌をうたう	30, **105**

chàng kǎlāOK	唱卡拉OK	カラオケをうたう	89, 99
Chángchéng	长城	万里の長城	114
Chángqí	长崎	長崎	45
Chángyě	长野	長野	45
chǎofàn	炒饭	チャーハン	31
cháoshī	潮湿	湿気がある	81
cháyè	茶叶	茶葉	121
chēzhàn	车站	駅、停留所	60
chī	吃	食べる	24, 39
chī fàn	吃饭	ご飯を食べる	24, 39
chībuwán	吃不完	食べ終われない	127
Chídài	池袋	池袋	64
chídào	迟到	遅刻する、遅れる	95
chīdewán	吃得完	食べ終われる	127
Chōngshéng	冲绳	沖縄	45
chúle~yǐwài	除了~以外	~を除いて	114
chuān	穿	着る	89
chuán	船	船	62
chuānghu	窗户	窓	126
chūntiān	春天	春	122
chūzūchē	出租车	タクシー	62
cì	~次	~回、~度	74, 111
Cíchéng	茨城	茨城	45
cídiǎn	词典	辞書	23, 71
cóng	从~	~から（起点）	59
cónglái	从来	かつて（否定）	111
cóngshì	从事	仕事につく、従事する	115
cuò	~错	~し間違える	101

D

dà	大	大きい、年上だ	28, 33
dǎ	打	（球技を）する	122
Dàbǎn	大阪	大阪	45
Dàbǎnrén	大阪人	大阪の人	18
dàbùfen	大部分	ほとんど	101
dǎ diànhuà	打电话	電話をかける	102
Dàfēn	大分	大分	45
dǎ gōng	打工	アルバイトをする	42
dàhǎi	大海	海	53
dài	带	たずさえる、持つ	125
dàjiā	大家	みなさん	66
dǎkāi	打开	開ける	126
dān xīn	担心	心配する	120
dāng	当	（職業など）なる	95
dàngāo	蛋糕	ケーキ	31
dāngrán	当然	もちろん、当然	105
dànshì	但是	しかし、でも	81
dào	~到	~して目的に達する	101
dào~	到~	~まで	59
dào	到	達する、（ある時点に）なる 112
Dǎogēn	岛根	島根	45
dǎ rǎo	打扰	邪魔をする	121
dǎsuàn	打算	~するつもりだ	93
dàxuéshēng	大学生	大学生	18
dǎ zì	打字	文字を入力する	75
de	的	名詞を修飾する（~の）	15
de	得	状態補語を導く	105
Dédǎo	德岛	徳島	45
de duō	~得多	ずっと~だ（比較）	82
Déguó	德国	ドイツ	91
de shíhou	~的时候	~するとき、~のころ 99, 119
Déyǔ	德语	ドイツ語	115
dì yī cì	第一次	初めて	105
diǎn	~点	~時	39
diǎn	点	（料理などを）注文する	105
diànchē	电车	電車	59
diànhuà	电话	電話	99
diànhuà hàomǎ	电话号码	電話番号	100
diǎnjī	点击	クリックする	75
diànnǎo	电脑	パソコン	29
diànpù	店铺	店、店舗	71
diànshì	电视	テレビ	42
diànyǐng	电影	映画	30
dìdao	地道	本場の、本格的だ	53
dìdi	弟弟	弟	34
dìfang	地方	ところ、場所	55, 125
Díshìní	迪士尼	ディズニー	67
dìtiě	地铁	地下鉄	61
dìtú	地图	地図	45
dìxià	地下	地下	47
dìzhǐ	地址	アドレス、住所	74

pinyin	中文	日本語	頁
dǒng	~懂	~して理解する	101
dōngbian	东边	東	49
Dōngfúsì	东福寺	東福寺	63
dònghuàpiàn	动画片	アニメ	67
Dōngjīng	东京	東京	45, 64
Dōngjīngrén	东京人	東京の人	18
Dōngjīng Díshìní lèyuán	东京迪士尼乐园	東京ディズニーランド	64
Dōngjīng dūtīng	东京都厅	都庁	64
Dōngjīng jùdàn	东京巨蛋	東京ドーム	64
Dōngjīng qíngkōngtǎ	东京晴空塔	スカイツリー	64
Dōngjīngtǎ	东京塔	東京タワー	64
Dōngjīngzhàn	东京站	東京駅	64
dōngmén	东门	東門	50
Dōngsì	东寺	東寺	63
dōngtiān	冬天	冬	27, 81
dōngxi	东西	もの	53
dōu	都	すべて、みな	15
duànliàn	锻炼	鍛える	111
duì	对	そのとおりだ、正しい	81
duìbuqǐ	对不起	ごめんなさい	96
duìmiàn	对面	向かい	49
duō	多	多い	27
		どのくらい	33, 59
duō cháng shíjiān	多长时间	どのくらいの時間	59
duō dà	多大	何歳	33
duō dà niánjì	多大年纪	何歳（目上の人）	34
duōduō	多多	たくさん	114
duō le	~多了	ずっと~だ（比較）	81
duōshao	多少	どのくらい、どれだけ	35
duōshao mǐ	多少米	何メートル	96
duōshao qián	多少钱	いくら（金額）	79
dúshēngnǚ	独生女	一人っ子（女性）	34
dúshēngzǐ	独生子	一人っ子（男性）	34
Dùyuèqiáo	渡月桥	渡月橋	63
dùzi	肚子	おなか	39

E

pinyin	中文	日本語	頁
è	饿	おなかがすいている	39
Éluósī	俄罗斯	ロシア	91
èr	二	二	35
Èrtiáochéng	二条城	二条城	63

F

pinyin	中文	日本語	頁
Fǎguó	法国	フランス	91
fàn	饭	ごはん	24
fàncài	饭菜	料理、ごはんとおかず	47
fǎnduì	反对	反対する	112
fāngbiàn	方便	都合がよい、便利だ	107
fàngsōng	放松	リラックスする	105
fǎxuéxì	法学系	法学部	18
fāyīn	发音	発音	111
fēicháng	非常	非常に、とても	21
fēijī	飞机	飛行機	62
Fēizhōu	非洲	アフリカ	91
fēn	~分	~分	39
fēn	分	分（人民元の単位）	79
fēnzhōng	~分钟	~分間	60
fēngfù	丰富	豊富だ、豊かだ	125
fǔ	~府	~府	45
Fúdǎo	福岛	福島	45
Fúgāng	福冈	福岡	45
Fújiàn Dàohé	伏见稻荷	伏見稲荷	63
fùjìn	附近	近く、附近	59, 93
Fújǐng	福井	福井	45
fùmǔ	父母	両親	112
Fùshān	富山	富山	45
fúwùyuán	服务员	店員、従業員	77
fùxí	复习	復習する	94
fúzhuāng	服装	ファッション	125

G

pinyin	中文	日本語	頁
gālífàn	咖喱饭	カレーライス	31
Gǎngbì	港币	香港ドル	79
gāngcái	刚才	さっき	101
gāngqín	钢琴	ピアノ	67
Gāngshān	冈山	岡山	45
gǎnlǎnqiú	橄榄球	ラグビー	122
gǎnmào	感冒	風邪を引く	120
gāo'ěrfūqiú	高尔夫球	ゴルフ	122
gàosu	告诉	知らせる、教える	71
gāoxìng	高兴	嬉しい	21
Gāozhī	高知	高知	45
gāozhōng	高中	高校	121

gāozhōngshēng	高中生	高校生	33
gǎozi	稿子	原稿	**110**
gē	**歌**	歌	30, **105**
ge	～个	～個、～人	33
gèdì	各地	各地	**114**
gēge	哥哥	お兄さん、兄	33
gěi	给	与える、渡す	72
	给～	～に、～のために	**105**
gēn	跟～	～と、～あとについて	
			49, 53, 93, **114**
gēn~yǒuguān	跟～有关	～と関係がある	**115**
gèng	更	さらに	82
ge xīngqī	～个星期	～週間	60
ge yuè	～个月	～か月	60
Gōngchéng	宫城	宮城	45
gōnggòngqìchē	公共汽车	バス	62
gōngjiāochē	公交车	バス	61
Gōngqí	宫崎	宮崎	45
gōngsī	公司	会社	62
gōngwùyuán	公务员	公務員	95
gōngzuò	工作	仕事をする、働く	95, **115**
gòu wù	购物	買い物をする	71
Guǎngdǎo	广岛	広島	45
guàng jiē	逛街	街を歩く、街歩き	67
guānzhào	关照	面倒を見る	**66**
gǔdiǎn yīnyuè	古典音乐	クラシック音楽	84
guì	贵	（値段が）高い	82
GuìChuān	桂川	桂川	63
guìxìng	贵姓	お名前は？	**21**
guò	过	（時間が）過ぎる	**110**
guo	～过	～したことがある	53
guójìxuéxì	国际学系	国際学部	18
guǒzhī	果汁	ジュース	31

H

hái	还	さらに、そのうえ	33, **114**
hái(méi)	还(没)	まだ（～していない）	**39**
hái kěyǐ	还可以	まあまあだ	**108**
háishi	还是	それとも	**81**
Hālì·Bōtè	哈利·波特	ハリー・ポッター	67
hànbǎobāo	汉堡包	ハンバーガー	31
Hánbì	韩币	ウォン	79

Hánguó	韩国	韓国	56
hánjià	寒假	冬休み	**111**
Hànyǔ	**汉语**	中国語	**21**
hào	～号	～日	54
hǎo	好	良い、上手だ	**27**
		はい（同意、承諾）	**39**
	～好	きちんと～し終わる	101, **110**
hǎo a	好啊	いいですよ	**24**
hǎochī	好吃	（食べ物が）おいしい	47
hǎohǎo (hǎohāor)	好好(好好儿)		
		しっかり、十分に	95, **111**
hǎohē	好喝	（飲み物が）おいしい	37
Hǎoláiwù	好莱坞	ハリウッド	67
hàolóu	～号楼	～号館	50
hàomǎ	号码	番号	74
hē	喝	飲む	29, **105**
hé	～和…	～と…	16, **33**
hē jiǔ	喝酒	酒を飲む	100
Hégēshān	和歌山	和歌山	45
hēi	黑	暗い	127
hēibǎn	黑板	黒板	101
hěn	很	とても	**27**
hěn duō	很多	たくさんの	29
hóngchá	红茶	紅茶	30
hóngyè	红叶	紅葉	81
hòu	厚	厚い	127
hòubian	后边	後ろ	49
hòulái	后来	後になって、その後	105
hòunián	后年	再来年	57
hòutiān	后天	あさって	57
huá bīng	滑冰	スケートをする	122
huà huà	画画	絵を描く	67
huá xuě	滑雪	スキーをする	90
huānyíng	欢迎	歓迎する	77
huānyíng guānglín			
	欢迎光临	いらっしゃいませ	77
Huángjū	皇居	皇居	64
huí	回	帰る、戻る	24
huì	会	～できる（会得）	**87**
		～するはずだ、だろう	
		（可能性）	**111**
huíbulái	回不来	帰って来られない	127

huídelái	回得来	帰って来られる	127
huí guó	回国	帰国する	93
huìhuà	**会话**	会話	114
huí jiā	回家	家に帰る、帰宅する	24
huǒjiàn	火箭	ロケット	62
huíqù	**回去**	帰る、帰って行く	125
hùliánwǎng	互联网	インターネット	75

J

jǐ	几	いくつ（10以下、序数）	33
jiā	家	家	24
	~家	~軒（家、店など）	72
jiǎhuò	假货	にせ物	112
jiàn	~件	~着、~件（衣類、事件など）	72
jiàn	~见	~して知覚する	101
jiàn miàn	见面	会う	48
Jiānádà	加拿大	カナダ	91
jiānglái	**将来**	将来	115
jiào	叫	名前を~という	21
jiǎo	角	角（人民元の単位）	79
jiāo	**教**	教える	73, 93
jiāoliú	**交流**	交流する	114
jiàoshì	教室	教室	51
jiàoshī	教师	教師	95
jiǎozi	饺子	ギョーザ	31
jiàshǐ xuéxiào	驾驶学校	自動車学校	111
jiā yóu	加油	頑張る	116
jīchǎng	机场	空港	60
jǐ diǎn	**几点**	何時	39
jiē diànhuà	接电话	電話に出る	100
jǐ fēn	几分	何分	57
jǐ ge	**几个**	いくつ、何人（10以下）	35
jiègěi	借给~	~に貸す	125
jié hūn	结婚	結婚する	97
jiějie	姐姐	お姉さん、姉	34
jièshào	**介绍**	紹介する	87
jǐ hào	几号	何日	57
jīhuì	**机会**	チャンス、機会	111
jìjié	季节	季節	81
jí le	~极了	きわめて	39
jìn	近	近い	60
jìn	进	入る	101
jīngcháng	经常	いつも、よく	49
Jīngdū	**京都**	京都	29, 81
Jīngdūrén	京都人	京都の人	18
Jīngdūtǎ	京都塔	京都タワー	63
Jīngdūzhàn	京都站	京都駅	49
Jīngésì	金阁寺	金閣寺	63
Jìnggāng	静冈	静岡	45
Jīnggǔ Dàxué	京谷大学	京谷大学	15
jīngjìxuéxì	**经济学系**	経済学部	15
jīngyíngxuéxì	经营学系	経営学部	18
jīnhòu	**今后**	今後、これから	66
jīnnián	今年	今年	33
jīntiān	今天	今日	27
jǐnzhāng	**紧张**	緊張する	105, 111
jǐ suì	几岁	何歳（子供）	34
jítā	吉他	ギター	67
jiǔ	九	九	35
jiǔ	酒	酒	100
Jíyějiā	吉野家	吉野家	78
jǐ yuè	几月	何月	57
juéde	**觉得**	思う、感じる	111
juédìng	决定	決める	95
juéshì yīnyuè	爵士音乐	ジャズ音楽	84
jǔxíng	举行	開催する	110

K

kāfēi	咖啡	コーヒー	29
kāfēitīng	咖啡厅	カフェ	42
kāi chē	开车	車を運転する	88
kāikuò yǎnjiè	开阔眼界	視野を広げる	114
kāishǐ	开始	最初、初め	105
kǎlāOK	卡拉ＯＫ	カラオケ	89, 99
kàn	看	読む、見る	22, 27
kànbudǒng	看不懂	読んで理解できない	125
kànbujiàn	看不见	見えない	126
kàndedǒng	**看得懂**	読んで理解できる	125
kàndejiàn	看得见	見える	126
kàn diànshì	看电视	テレビを見る	42
kàn diànyǐng	看电影	映画を見る	30
kàn qiú	看球	スポーツ（球技）観戦	67
kàn shū	看书	本を読む、読書する	67

kǎo	考	受験する、受ける	95		liǎng	两	2、ふたつ	33
kě'ài	可爱	かわいい	114		Liǎngguó	两国	両国	64
kèběn	课本	テキスト、教科書	15, 21		liángkuai	凉快	涼しい	30
kělè	可乐	コーラ	30		liǎnsè	脸色	顔色	119
Kěndéjī	肯德基	ケンタッキー	78		liànxí	练习	練習する	111
kèqi	客气	遠慮する	121		liánxù	连续	連続して	94
kèrén	客人	客	72		liáo tiānr	聊天儿	しゃべる、雑談する	27
kèwén	课文	教科書の本文	23		lǐbian	里边	中、内側	49
kěyǐ	可以	~してもよい、	71, 105		lǐgōngxuéxì	理工学系	理工学部	18
		~できる（許可・可能）			Lìmù	栃木	栃木	45
			71, 105		líng	零	ゼロ、零	40
kōngshǒudào	空手道	空手	122		língchén	凌晨	明け方、早朝	119
kǒu	口	~人（家族）	34		lǐtáng	礼堂	講堂、ホール	50
kǒudài	口袋	ポケット	29		liù	六	六	35
kuài	块	元（人民元の単位）	79		liúlì	流利	流暢だ	106, 111
kuài	快	（スピードが）速い	106, 110		liúxíng gēqǔ	流行歌曲	流行歌	66
kuài~le	快~了	もうすぐ~する	99		liúxuéshēng	留学生	留学生	15
kuàicāndiàn	快餐店	ファーストフード店	77		lù	路	道路	72
kuàngquánshuǐ	矿泉水	ミネラルウォーター	72		Lù'érdǎo	鹿儿岛	鹿児島	45
kùn	困	眠い	112, 119		Luósēn	罗森	ローソン	78
kùzi	裤子	ズボン	72		lùchá	绿茶	緑茶	30
					lüètú	略图	略図	50
L					lǚyóu	旅游	旅行する	112, 114
là	辣	からい	54					
lái	来	来る	41, 59		**M**			
		積極的に行う姿勢をあらわす			ma	吗	文末の助詞（諾否疑問）	15
			87		mǎi	买	買う	41, 71
lāmiàn	拉面	ラーメン	31		màichá	麦茶	麦茶	31
lánqiú	篮球	バスケットボール	122		Màidāngláo	麦当劳	マクドナルド	78
lǎojiā	老家	実家	45		mǎi dōngxi	买东西	買い物をする	102
lǎolao	姥姥	おばあさん、母方の祖母	34		mǎlāsōng	马拉松	マラソン	122
lǎoshī	老师	先生、教師	16, 110		māma	妈妈	お母さん、母親	17
lǎoye	老爷	おじいさん、母方の祖父	34		màn	慢	ゆっくり、スピードが遅い	
le	了	~した（完了・実現）	33, 39					41
		~になる、~になった（変化）			mànmàn(mànmānr)	慢慢(慢慢儿)	ゆっくり	125
			127		mànzǒu	慢走	お気をつけて	41
Léimén	雷门	雷門	64		máng	忙	忙しい	85
lěng	冷	寒い	27, 81		máo	毛	角（人民元の単位）	79
Lètiānlì	乐天利	ロッテリア	78		mápódòufu	麻婆豆腐	マーボー豆腐	31
lí	离~	~から（隔たり）	59		méi	没	~していない、	
liàn	练	太極拳などをする、					~しなかった	39
		練習する	122		Měiguó	美国	アメリカ	31

Měiguórén	美国人	アメリカ人	18
měilì	美丽	美しい（書面語）	53
mèimei	妹妹	妹	33
měinián	每年	毎年	81, 110
Měishì gǎnlǎnqiú	美式橄榄球	アメリカンフットボール	122
měitiān	每天	毎日	42, 59
měitiān zǎoshang	每天早上	毎朝	72
méi wèntí	没问题	大丈夫だ、問題ない	99
méi yìsi	没意思	おもしろくない	94
(méiyǒu yìsi	没有意思)		94
méiyǒu	没有	ない、持っていない	29
Měiyuán	美元	ドル	79
men	～们	～たち	102
mǐ	米	メートル	93
miànbāo	面包	パン	30
miànqián	面前	目の前	105
miàntiáo	面条	めん類	30
mǐfàn	米饭	米のご飯、ライス	72
mìmǎ	密码	パスワード	75
míngnián	明年	来年	57, 93, 114
míngshèng gǔjì	名胜古迹	名所旧跡	55
míngtiān	明天	明日	57
Míngzhì Shéngōng	明治神宫	明治神宮	64
míngzi	名字	名前	22
mòlìhuāchá	茉莉花茶	ジャスミン茶	31
mótuōchē	摩托车	バイク	61

N

nà	那	それでは、では	39
nà (nàge)	那(那个)	それ、その、あれ、あの	23
nǎ (nǎge)	哪(哪个)	どれ、どの	23
Nàiliáng	奈良	奈良	45
nǎinai	奶奶	おばあさん、父方の祖母	34
nàli	那里	そこ、あそこ	48
nàme	那么	あんなに、そんなに	82
nán	难	難しい	82
nánbian	南边	南	49
nǎ nián	哪年	何年	57
nàr	那儿	そこ、あそこ	48
nǎr (nǎli)	哪儿(哪里)	どこ	42, 47
nàxiē	那些	それら、あれら（複数）	23
nǎxiē	哪些	どれ（複数）	23
ne	呢	文末の助詞（～していると いう事実を確認する）	99
		（疑問のやわらげ）	39, 119
	～呢？	～は？	15
nèiróng	内容	内容	125
néng	能	～できる（能力）	93
		～できる（条件）	99
nénglì	能力	能力	114
ǹg	嗯	うん（肯定・承諾）	27
nǐ	你	あなた	15
nǐ hǎo	你好	こんにちは	15
nián	～年	～年間	60
niàn	念	声に出して読む	23
niánjí	～年级	～年生	15
Niǎoqǔ	鸟取	鳥取	45
nǐmen	你们	あなたたち	16
nín	您	あなた（尊称）	16
niúnǎi	牛奶	牛乳	30
nóngxuéxì	农学系	農学部	18
nuǎnhuo	暖和	暖かい	30
nǔlì	努力	努力する、頑張る	111

O

Ōuyuán	欧元	ユーロ	79
Ōuzhōu	欧洲	ヨーロッパ	91

P

pà	怕	（寒さなどに）弱い	81
		恐れる、心配する	111
pá	爬	登る	114
pāi	拍	（写真を）撮る	67
páiqiú	排球	バレーボール	122
pāi zhào	拍照	写真を撮る	67
pángbiān	旁边	となり、横、そば	49
pǎo	跑	走る	106
pǎo bù	跑步	ジョギングする	122
pá shān	爬山	登山	67
péngyou	朋友	友だち、友人	21, 87
piányi	便宜	安い	47
piào	票	切符、チケット	72
piàoliang	漂亮	美しい、きれいだ	27

píjiǔ	啤酒	ビール	31
Pǐnchuān	品川	品川	64
píng	～瓶	～本（瓶など）	72
Píng'ān Shéngōng	平安神宫	平安神宮	63
píngguǒ	苹果	りんご	72
pīngpāngqiú	乒乓球	卓球	122
píngshí	平时	ふだん、いつも	47
pútaojiǔ	葡萄酒	ワイン	31
Pútáoyá	葡萄牙	ポルトガル	91

Q

qī	七	七	35
qí	骑	乗る（またがる乗り物）	61
(qí zìxíngchē	骑自行车	サイクリング）	67
qiān	千	千	35
qián	钱	お金	102
qiánbāo	钱包	財布	107
qiānbǐ	铅笔	鉛筆	72
qiánbian	前边	前	49
Qiáncǎosì	浅草寺	浅草寺	64
qiánnián	前年	おととし	57
qiántiān	前天	おととい	57
Qiānyè	千叶	千葉	45
qìchē	汽车	自動車	62
qǐ chuáng	起床	起きる、起床する	42
Qífù	岐阜	岐阜	45
qǐng	请	どうぞ～してください	66
qǐng duōduō guānzhào	请多多关照	どうぞよろしくお願いします	66
qǐng jià	请假	休みをとる	97
qīngjiāoròusī	青椒肉丝	チンジャオロース	31
qǐng kè	请客	ごちそうする、おごる	121
Qīngsēn	青森	青森	45
Qīngshuǐsì	清水寺	清水寺	63
qǐngwèn	请问	おたずねしますが	15
qīnyǎn	亲眼	自分の目で	114
qìshuǐ	汽水	サイダー	31
Qiūtián	秋田	秋田	45
qiūtiān	秋天	秋	81
Qiūyèyuán	秋叶原	秋葉原	64
Qíyù	埼玉	埼玉	45
Qíyuán	祇园	祇園	63
qù	去	行く	22, 39
Quánjiā	全家	ファミリーマート	78
qùnián	去年	去年、昨年	57
Qúnmǎ	群马	群馬	45

R

ràng	让	～させる（使役）	110
rè	热	暑い	27, 81
règǒu	热狗	ホットドッグ	78
rén	人	人	34
rènshi	认识	知り合う	21
Rìběn	日本	日本	21
Rìběncài	日本菜	日本料理	30
Rìběnrén	日本人	日本人	18
Rìběn xuéshēng	日本学生	日本人の学生	18
rìcháng shēnghuó	日常生活	日常生活	114
Rìyǔ	日语	日本語	41, 87
Rìyuán	日元	日本円	79
róngyì	容易	易しい	84
róudào	柔道	柔道	122

S

sān	三	三	35
sàn bù	散步	散歩する	67
Sānchóng	三重	三重	45
sàn xīn	散心	気晴らしをする	99
Sègǔ	涩谷	渋谷	64
shàngbian	上边	上	49
shāngdiàn	商店	店	50
shàng kè	上课	授業を受ける、授業が始まる	44, 119
shāngpǐn	商品	商品	71
shàng tái	上台	壇上に上がる	111
shàng wǎng	上网	インターネットに接続する	71
shàngwǔ	上午	午前	40
shàng (ge) xīngqī	上(个)星期	先週	54, 71
shàng (ge) yuè	上(个)月	先月	57
shàng xué	上学	通学する、学校に行く	59
Shàngyě	上野	上野	64
Shàngyě dòngwùyuán	上野动物园	上野動物園	64
Shānkǒu	山口	山口	45
Shānlí	山梨	山梨	45

Shānxíng	山形	山形	45
shèhuìxuéxì	社会学系	社会学部	18
shéi	谁	誰	16, 33
shēng qì	生气	怒る	97
shēngrì	生日	誕生日	57
shēngyīn	声音	声	127
shēngyúpiàn	生鱼片	さしみ	31
Shénhù	神户	神戸	53
shénme	什么	なに、どんな	21
shénme shíhou	什么时候	いつ	57, 71
Shénnàichuān	神奈川	神奈川	45
shēntǐ	身体	からだ	95
shí	十	十	35
shì	是	〜は…である	15
shì	事	事、できごと	72
shì (shì de)	是（是的）	はい、そうです	15
(shì)~de	（是）〜的	説明・強調の表現	73
Shíchuān	石川	石川	45
shíhou	时候	とき	99, 119
shíjiān	时间	時間	39
shìjièbēi zúqiúsài	世界杯足球赛	サッカーワールドカップ	119
shì ma	是吗	そうですか	21
shítáng	食堂	食堂	36, 39
shǐyòng	使用	使用する、使う	71
shǒujī	手机	携帯電話	24
shǒujī hàomǎ	手机号码	携帯番号	74
shòusī	寿司	寿司	31
shū	书	本	21
shuāngjī	双击	ダブルクリックする	75
shūbāo	书包	かばん	24
shǔbiāo	鼠标	マウス	75
shūdiàn	书店	書店、本屋	50
shūfu	舒服	気持ちがいい、快適だ	27
shuì (shuì jiào)	睡（睡觉）	寝る	42, 119
shuǐjiǎo	水饺	水ぎょうざ	56
shǔjià	暑假	夏休み	114
shuō	说	話す、言う	27, 87
shǔtiáo	薯条	ポテト	77
sì	四	四	35
sìmiào	寺庙	寺	29
suì	〜岁	〜歳	33
suǒyǐ	所以	なので、だから	114
sùshè	宿舍	宿舎、寮	59

T

tā	他	彼	16
tā	她	彼女	16
tài…le	太…了	〜すぎる	28
Táiběi	台北	台北	87
Táibì	台币	台湾ドル	79
Táichǎng	台场	お台場	64
Tàiguó	泰国	タイ	91
tàijíquán	太极拳	太極拳	122
Táiwān	台湾	台湾	87
tāmen	他们	彼ら	16
tāmen	她们	彼女ら	16
tán	弹	（楽器を）弾く	67
táoqì	淘气	わんぱくだ	121
tèbié	特别	特に、とりわけ	28
tī	踢	蹴る、（サッカーを）する 119, 122
tī zúqiú	踢足球	サッカーをする	122
tiān	天	空	127
	〜天	〜日間	60
tiānfùluó	天妇罗	天ぷら	31
tiánpǐn	甜品	スイーツ	53
tiānqì	天气	天気	27
tiáo	〜条	〜本（細長いもの）	72
tiào wǔ	跳舞	ダンスをする	67
tīng	听	聞く、聴く	66
tīngbudǒng	听不懂	聞きとれない	126
tíngchēchǎng	停车场	駐輪場、駐車場	50
tīngdedǒng	听得懂	聞きとれる	126
tǐyùguǎn	体育馆	体育館	50
tǐyùyùndòng	体育运动	スポーツ	30
túshūguǎn	图书馆	図書館	24

W

wàibian	外边	外	47
wàiguórén	外国人	外国人	81
wán	〜完	〜し終わる	99
wǎn	晚	夜	60
		（時間が）遅い	127

wǎn	~碗	~碗、~杯（碗に入ったもの）	72
wàn	万	万	35
wǎnfàn	晚饭	晩ご飯、夕飯	44
wǎngqiú	网球	テニス	122
wǎngshàng	网上	オンライン、ネット上	71
wǎngyè	网页	ウェブページ	75
wàngzài~	忘在~	~に忘れる	126
wǎngzhàn	网站	ウェブサイト	71
wánr	玩儿	遊ぶ、もてあそぶ	100
wǎnshang	晚上	夜	40
wán yóuxì	玩游戏	ゲームをする（オンラインゲームなど）	67
wéi	喂	もしもし（電話）	48, 99
wèi	~位	~人（丁寧）	72
wèidào	味道	味	53
wéiqí	围棋	囲碁	67
wèi shénme	为什么	なぜ、どうして	119
wèn	问	たずねる	73
wénjiàn	文件	ファイル	75
wèntí	问题	問題	73
wénxuéxì	文学系	文学部	18
wǒ	我	私	15
wǒmen	我们	私たち	16
wǔ	五	五	35
wūdōng	乌冬	うどん	47
wǔfàn	午饭	昼ご飯、昼食	42
wūlóngchá	乌龙茶	ウーロン茶	31

X

xiàbian	下边	下	49
xià kè	下课	授業が終わる	111
xiàn	~县	~県	45
xiān~ránhòu…	先~然后…	まず~してから…する	71
xiǎng	想	~したい	53
xiǎng	想	考える	101
Xiāngchuān	香川	香川	45
Xiānggǎng	香港	香港	91
xiàngqí	象棋	将棋	67
xiànzài	现在	いま	39
xiǎo	小	小さい	28
xiǎochī	小吃	簡単な料理、軽食	114
(ge) xiǎoshí	~(个)小时	~時間	59
xiǎoshuō	小说	小説	72
xiǎoxué	小学	小学校	121
xiǎoxuéshēng	小学生	小学生	94
xiàoyuán	校园	キャンパス	36
xiàtiān	夏天	夏	27, 81
Xiàwēiyí	夏威夷	ハワイ	91
xiàwǔ	下午	午後	40
xià (ge) xīngqī	下(个)星期	来週	54
xià (ge) yuè	下(个)月	来月	57
xià xuě	下雪	雪が降る	112
xiàzǎi	下载	ダウンロードする	75
Xībānyá	西班牙	スペイン	91
xībian	西边	西	49
xiě	写	書く	110
xīhāwǔ	嘻哈舞	ヒップホップダンス	67
xǐhuan	喜欢	好きだ	27
xīn	新	新しい	87
xìng	姓	姓を~という	21
xīngànxiàn	新干线	新幹線	62
Xīngbākè	星巴克	スターバックス	78
Xīnjiāpō	新加坡	シンガポール	91
xīngqī	星期~	~曜日	53
xīngqī'èr	星期二	火曜日	53
xīngqī jǐ	星期几	何曜日	57
xīngqīliù	星期六	土曜日	53
xīngqīsān	星期三	水曜日	53
xīngqīsì	星期四	木曜日	53
xīngqītiān(xīngqīrì)	星期天(星期日)	日曜日	53
xīngqīwǔ	星期五	金曜日	53
xīngqīyī	星期一	月曜日	53
xīnkǔ	辛苦	骨が折れる、大変だ	59
xīnlǐxuéxì	心理学系	心理学部	18
Xīnsù	新宿	新宿	64
Xīnxì	新潟	新潟	45
xìnyòngkǎ	信用卡	クレジットカード	71
Xióngběn	熊本	熊本	45
xiōngdì jiěmèi	兄弟姐妹	兄弟姉妹	33
xióngmāo	熊猫	パンダ	114
xióngwěi	雄伟	雄大だ	114
xǐshǒujiān	洗手间	お手洗い、トイレ	48

ピンイン	中文	日本語	ページ
xiūxi	休息	休憩する、休む	88
xǐ zǎo	洗澡	風呂に入る、入浴する	44
xuǎnshǒu	选手	選手	119
xué	学	学ぶ、勉強する	87
xuéshēng	学生	学生	15
xuéxí	学习	勉強する、学習する	21
xuéxiào	学校	学校	41, 59

Y

ピンイン	中文	日本語	ページ
YāChuān	鸭川	鴨川	63
yālì	压力	ストレス	99
yǎnjiǎng bǐsài	演讲比赛	スピーチコンテスト	110
yánjiūshēng	研究生	大学院生	95
Yánshǒu	岩手	岩手	45
yào	要	かかる、要する	59
		ほしい、要る	77
		～しなければならない	93
		～したい、～つもりだ	110
Yàzhōu	亚洲	アジア	21
yě	也	～も	15
yèjǐng	夜景	夜景	55
yéye	爷爷	おじいさん、父方の祖父	34
yī	一	一	35
yī~jiù…	一～就…	～するとすぐ…する	111
yì	亿	億	35
yìbǎi	一百	百	35
yìbiān~yìbiān…	一边~一边…	～しながら…する	27
yī céng	一层	一階	47
Yìdàlìcài	意大利菜	イタリア料理	30
Yìdàlìmiàn	意大利面	パスタ	31
yìdiǎnr	一点儿	少し	82, 87
yìdiǎnr yě~	一点儿也~	少しも～ない	94
yídìng	一定	必ず、きっと、絶対に	111
yīfu	衣服	服	29
yí ge	一个	1人、ひとつ	21
yígòng	一共	全部で	77
yǐhòu	以后	～してから、～あと	44, 111
yǐjīng	已经	すでに、もう	87
yí kè	一刻	15分	40
Yìndù	印度	インド	91
Yíngésì	银阁寺	銀閣寺	63
Yīngguó	英国	イギリス	91
yīnghuā	樱花	桜	27
yìngpán	硬盘	ハードディスク	75
Yīngyǔ	英语	英語	41
yī niánjí	一年级	1年生	15
yǐnliào	饮料	飲みもの、ドリンク	41, 105
yīnwèi	因为	なぜならば	119
yīnyuè	音乐	音楽	66
Yínzuò	银座	銀座	64
yìqǐ	一起	いっしょに	21
yìqiān	一千	千	35
yíwàn	一万	一万	35
yíxià	一下	ちょっと～する	87
yíyàng	一样	同じ、同じくらい	83
yíyì	一亿	一億	35
yìzhí	一直	ずっと	60, 119
yòng	用	用いる、使う、～で	49, 110
yònghù	用户	ユーザー	75
yǒu	有	ある、持っている	27
yòu~yòu…	又~又…	～でもあり…でもある	47
yǒu yìsi	有意思	おもしろい	72
yóu yǒng(yóu)	游泳(游)	泳ぐ	88, 93
yòubian	右边	右	49
yǒudiǎnr	有点儿	少し(好ましくないこと)	119
yóujiàn	邮件	メール	74
yóujiàn dìzhǐ	邮件地址	メールアドレス	74
yǒushíhou	有时候	あるときは～	47
yóutǒng	邮筒	郵便ポスト	50
yǒuxiē	有些	いくらか、一部の	125
yóuyǒngchí	游泳池	プール	93
yuán	元	元（人民元の単位）	79
yuǎn	远	遠い	59
yuè	～月	～月	54
yuè~yuè…	越~越…	～すればするほど…だ	105
Yuènán	越南	ベトナム	91
yǔmáoqiú	羽毛球	バドミントン	122
yùndòng	运动	運動する	61, 93
Yùsuǒ	御所	御所	63

Z

ピンイン	中文	日本語	ページ
zài	在	～にある、いる／～で	47

ピンイン	漢字	日本語	ページ
		～しているところだ	99
zài	再	再び	77
zánmen	咱们	私たち（聞き手を含む）	16
zǎo	早	朝	60
		（時間が）早い	106
zǎodiǎnr	早点儿	はやめに	95
zǎofàn	早饭	朝ご飯、朝食	44
zǎoshang	早上	朝	40
zázhì	杂志	雑誌	72, 125
zěnme	怎么	どのように、どう	59
zěnme bàn	怎么办	どうしよう	99
zěnme le	怎么了	どうしたのか	119
zěnmeyàng	怎么样	どうですか	27, 47
zhàn	～站	～駅	49
zhāng	～张	～枚（平面状のもの）	72
zhǎo	找	つり銭を渡す	77
		探す	101
zhàopiàn	照片	写真	33
zhè(ge)	这(这个)	これ、この	21
zhèli	这里	ここ	48
zhème	这么	こんなに	82
zhēn	真	本当に	27
zhèngcèxuéxì	政策学系	政策学部	18
zhèngmén	正门	正門	50
zhèngzōng	正宗	本場の	53
zhèr	这儿	ここ	48
zhèxiē	这些	これら（複数）	23
zhè(ge) xīngqī	这(个)星期	今週	54
zhè(ge) yuè	这(个)月	今月	57
zhī	～支（枝）	～本（棒状のもの）	72
zhǐ	只	ただ、～だけ	119
zhīdào	知道	分かる、知る	112
zhíshēngjī	直升机	ヘリコプター	62
zhǒng	种	種類（量詞）	111
Zhōngguó	中国	中国	28
Zhōngcāntīng	中餐厅	中華レストラン	42
Zhōngguócài	中国菜	中華料理	29
Zhōngguó liúxuéshēng	中国留学生	中国人留学生	15
Zhōngguó péngyou	中国朋友	中国人の友だち	30
Zhōngguórén	中国人	中国人	15
Zhōnghuájiē	中华街	中華街	53
zhōngjiān	中间	真ん中、間	49
zhǒnglèi	种类	種類	47
Zhōngwén	中文	中国語	94
Zhōngwén bàozhǐ	中文报纸	中国語の新聞	94
zhōngwǔ	中午	正午	40
zhōumò	周末	週末	93
zhuānyè	专业	専門、専攻	21
zhǔnbèi	准备	準備する	111
zhuōzi	桌子	机	49
zhùyì	注意	気をつける、注意する	95
zhùzài	住在～	～に住む	59
zì	字	字	101
Zīhè	滋贺	滋賀	45
zìjǐ	自己	自分	111
zìwǒ jièshào	自我介绍	自己紹介	66
zìxíngchē	自行车	自転車	30
zǒu	走	行く（その場から離れる）	39
zǒuzhe	走着	歩いて	59
zuì	最	最も	28, 81
zuìjìn	最近	最近	99
zuò	坐	乗る	59
zuò	做	する	42, 93
zuǒbian	左边	左	49
zuò cài	做菜	料理をする	55
Zuǒhè	佐贺	佐賀	45
zuótiān	昨天	昨日	42
zuò tiánpǐn	做甜品	お菓子作り	67
zuòwèi	座位	座席	39
zuòyè	作业	宿題	42
zuǒyòu	～左右	～ぐらい	59
zuò zuòyè	做作业	宿題をする	42, 99
zúqiú	足球	サッカー	56, 119
zúqiú bǐsài	足球比赛	サッカーの試合	56

語彙索引（五十音順）

数字は初出のページ番号。太字は本文の新出語句で、一覧を載せるページ番号を記した。
本文および導入文の新出語句でそれ以前にもあるものは、初出のページ番号のみ併記した。

あ

アイスクリーム	冰淇淋	bīngqílín	78
間	中间	zhōngjiān	49
愛知	爱知	Àizhī	45
会う	见面	jiàn miàn	48
青森	青森	Qīngsēn	45
秋	**秋天**	qiūtiān	**81**
秋田	秋田	Qiūtián	45
秋葉原	秋叶原	Qiūyèyuán	64
明け方	凌晨	língchén	119
開ける	打开	dǎkāi	126
朝	早	zǎo	60
〃	早上	zǎoshang	40
朝ご飯	早饭	zǎofàn	44
あさって	后天	hòutiān	57
味	味道	wèidào	53
アジア	亚洲	Yàzhōu	21
味わう、味をみる	**尝**	cháng	**88, 114**
明日	明天	míngtiān	57
あそこ	那里	nàli	48
〃	那儿	nàr	48
遊ぶ	玩儿	wánr	100
与える	给	gěi	72
暖かい	暖和	nuǎnhuo	30
新しい	新	xīn	87
暑い	**热**	rè	**27, 81**
厚い	厚	hòu	127
後になって	后来	hòulái	105
アドレス	地址	dìzhǐ	74
あなた	**你**	nǐ	**15**
〃（尊称）	您	nín	16
あなたたち	你们	nǐmen	16
兄	**哥哥**	gēge	**33**
アニメ	动画片	dònghuàpiàn	67
姉	姐姐	jiějie	34
アフリカ	非洲	Fēizhōu	91
あまり～でない	**不太**	bú tài	**27**
あまりにも～だ	太…了	tài…le	28
アメリカ	美国	Měiguó	31
アメリカ人	美国人	Měiguórén	18
アメリカンフットボール　美式橄榄球		Měishì gǎnlǎnqiú	122
あらまぁ、ああ	**哎呀**	āiyā	**119**
ある	有	yǒu	27
〃	在	zài	47
歩いて	走着	zǒuzhe	59
あるときは～	**有时候**	yǒushíhou	**47**
アルバイトをする	打工	dǎ gōng	42
あれ、あの	那（那个）	nà(nàge)	23
あれら	那些	nàxiē	23
暗誦する	背	bèi	112
あんなに	那么	nàme	82

い

いいですよ	好啊	hǎo a	24
言う	说	shuō	27, 87
家に帰る	回家	huí jiā	24
家	家	jiā	24
～以外	**除了～以外**	chúle~yǐwài	**114**
怒る	生气	shēng qì	97
イギリス	英国	Yīngguó	91
行く	**去**	qù	**22, 39**
〃（離れる）	走	zǒu	39
いくつ（10以下）	几	jǐ	33
〃	几个	jǐ ge	35
いくらか、一部の	**有些**	yǒuxiē	**125**
いくら（金額）	多少钱	duōshao qián	79
池袋	池袋	Chídài	64
囲碁	围棋	wéiqí	67
いじる	玩儿	wánr	100

石川	石川	Shíchuān	45
忙しい	忙	máng	85
イタリア料理	意大利菜	Yìdàlìcài	30
一	一	yī	35
一億	一亿	yíyì	35
1年生	一年级	yī niánjí	15
一万	一万	yíwàn	35
いつ	什么时候	shénme shíhou	57, 71
一階	一层	yī céng	47
いっしょに	一起	yìqǐ	21
いつも	平时	píngshí	47
いつも、よく	经常	jīngcháng	49
いない	没有	méiyǒu	29
茨城	茨城	Cíchéng	45
いま	现在	xiànzài	39
いままで（否定）	从来	cónglái	111
妹	妹妹	mèimei	33
いらっしゃいませ	欢迎光临	huānyíng guānglín	77
要る	要	yào	77
いる	有	yǒu	27
〃	在	zài	47
岩手	岩手	Yánshǒu	45
インストールする	安装	ānzhuāng	75
インターネット	互联网	hùliánwǎng	75
インターネット上	网上	wǎngshàng	71
インターネットに接続する	上网	shàng wǎng	71
インド	印度	Yìndù	91

う

ウイルス	病毒	bìngdú	75
ウーロン茶	乌龙茶	wūlóngchá	31
上	上边	shàngbian	49
上野	上野	Shàngyě	64
上野動物園	上野动物园	Shàngyě dòngwùyuán	64
ウェブサイト	网站	wǎngzhàn	71
ウェブページ	网页	wǎngyè	75
ウォン	韩币	Hánbì	79
受ける	考	kǎo	95
後ろ	后边	hòubian	49

歌	歌	gē	30, 105
うたう	唱	chàng	30, 105
歌をうたう	唱歌	chàng gē	30, 105
内側	里边	lǐbian	49
美しい	漂亮	piàoliang	27
〃（書面語）	美丽	měilì	53
うどん	乌冬	wūdōng	47
海	大海	dàhǎi	53
嬉しい	高兴	gāoxìng	21
うん（肯定・承諾）	嗯	ng	27
（車を）運転する	开车	kāi chē	88
運動する	运动	yùndòng	61, 93

え

映画	电影	diànyǐng	30
映画を見る	看电影	kàn diànyǐng	30
英語	英语	Yīngyǔ	41
駅	车站	chēzhàn	60
～駅	～站	zhàn	49
愛媛	爱媛	Àiyuán	45
絵を描く	画画	huà huà	67
円	日元	Rìyuán	79
鉛筆	铅笔	qiānbǐ	72
遠慮する	客气	kèqi	121

お

おいしい（食べ物）	好吃	hǎochī	47
〃（飲み物）	好喝	hǎohē	37
多い	多	duō	27
大分	大分	Dàfēn	45
大きい	大	dà	28, 33
大阪	大阪	Dàbǎn	45
大阪の人	大阪人	Dàbǎnrén	18
オーストラリア	澳大利亚	Àodàlìyà	91
お母さん	妈妈	māma	17
お菓子を作る	做甜品	zuò tiánpǐn	67
お金	钱	qián	102
岡山	冈山	Gāngshān	45
沖縄	冲绳	Chōngshéng	45
起きる	起床	qǐ chuáng	42
億	亿	yì	35
遅れる	迟到	chídào	95

語彙索引（五十音順） 149

怒る	生气	shēng qì	97
おごる	请客	qǐng kè	121
教える（教育する）	教	jiāo	73, 93
〃 （伝える）	告诉	gàosu	71
おじいさん	爷爷	yéye	34
〃 （母方の祖父）	老爷	lǎoye	34
遅い（時間）	晚	wǎn	127
〃 （スピード）	慢	màn	41
恐れる	怕	pà	111
お台場	台场	Táichǎng	64
おたずねしますが	请问	qǐngwèn	15
お茶	茶	chá	72
お手洗い	洗手间	xǐshǒujiān	48
お父さん	爸爸	bàba	34
弟	弟弟	dìdi	34
おととい	前天	qiántiān	57
おととし	前年	qiánnián	57
劣る	差	chà	114
おなか	肚子	dùzi	39
おなかがすいている	饿	è	39
同じ、同じくらい	一样	yíyàng	83
お名前は？ 姓をたずねる言い方			
	贵姓	guìxìng	21
お兄さん	哥哥	gēge	33
お姉さん	姐姐	jiějie	34
おばあさん	奶奶	nǎinai	34
〃 （母方の祖母）	姥姥	lǎolao	34
思う	觉得	juéde	111
おもしろい	有意思	yǒu yìsi	72
おもしろくない	没意思	méi yìsi	94
	（没有意思 méiyǒu yìsi）		
泳ぐ	游泳(游)	yóu yǒng(yóu)	88, 93
音楽	音乐	yīnyuè	66
オンライン	网上	wǎngshàng	71

か

母さん	妈妈	māma	17
～階	～层	céng	47
～回	～次	cì	74, 111
外国人	外国人	wàiguórén	81
開催する	举行	jǔxíng	110

会社	公司	gōngsī	62
快適だ	舒服	shūfu	27
買い物をする	购物	gòu wù	71
〃	买东西	mǎi dōngxi	102
会話	会话	huìhuà	114
買う	买	mǎi	41, 71
帰って来られない	回不来	huíbulái	127
帰って来られる	回得来	huídelái	127
帰る	回	huí	24
帰る、帰って行く	回去	huíqù	125
顔色	脸色	liǎnsè	119
香川	香川	Xiāngchuān	45
かかる	要	yào	59
角（書き言葉）	角	jiǎo	79
〃 （話し言葉）	毛	máo	79
書く	写	xiě	110
学習する	学习	xuéxí	21
〃	学	xué	87
学生	学生	xuéshēng	15
各地	各地	gèdì	114
～か月	～个月	ge yuè	60
鹿児島	鹿儿岛	Lù'érdǎo	45
菓子を作る	做甜品	zuò tiánpǐn	67
風邪を引く	感冒	gǎnmào	120
～月	～月	yuè	54
学校	学校	xuéxiào	41, 59
学校に行く	上学	shàng xué	59
かつて（否定）	从来	cónglái	111
桂川	桂川	GuìChuān	63
神奈川	神奈川	Shénnàichuān	45
カナダ	加拿大	Jiānádà	91
必ず	一定	yídìng	111
金	钱	qián	102
彼女	她	tā	16
彼女ら	她们	tāmen	16
かばん	书包	shūbāo	24
カフェ	咖啡厅	kāfēitīng	42
雷門	雷门	Léimén	64
鴨川	鸭川	YāChuān	63
火曜日	星期二	xīngqī'èr	53
～から（起点）	从～	cóng	59
〃 （隔たり）	离～	lí	59

からい	辣	là	54	客	客人	kèrén	72
カラオケ	卡拉ＯＫ	kǎlāOK	89, **99**	キャンパス	校园	xiàoyuán	36
カラオケをうたう	**唱卡拉OK**	**chàng kǎlāOK** 89, **99**		九	九	jiǔ	35
				牛乳	牛奶	niúnǎi	30
からだ	身体	shēntǐ	95	休暇をとる	请假	qǐng jià	97
空手	空手道	kōngshǒudào	122	休憩する	休息	xiūxi	88
彼	他	tā	16	今日	今天	jīntiān	**27**
カレーライス	咖喱饭	gālífàn	31	ギョーザ	饺子	jiǎozi	31
彼ら	他们	tāmen	16	**教科書**	**课本**	**kèběn**	**15, 21**
かわいい	**可爱**	**kě'ài**	**114**	京谷大学	京谷大学	Jīnggǔ Dàxué	15
考える	想	xiǎng	101	**教師**	**老师**	**lǎoshī**	**16, 110**
歓迎する	欢迎	huānyíng	77	〃	教师	jiàoshī	95
韓国	韩国	Hánguó	56	教室	教室	jiàoshì	51
感じる	**觉得**	**juéde**	**111**	**兄弟姉妹**	**兄弟姐妹**	**xiōngdì jiěmèi**	**33**
頑張る	**加油**	**jiā yóu**	**116**	**京都**	**京都**	**Jīngdū**	**29, 81**
〃	努力	nǔlì	111	京都駅	京都站	Jīngdūzhàn	49
				京都タワー	京都塔	Jīngdūtǎ	63
き				京都の人	京都人	Jīngdūrén	18
祇園	祇园	Qíyuán	63	去年	去年	qùnián	57
機会	**机会**	**jīhuì**	**111**	清水寺	清水寺	Qīngshuǐsì	63
聞きとれない	听不懂	tīngbudǒng	126	着る	穿	chuān	89
聞きとれる	听得懂	tīngdedǒng	126	**きれいだ**	**漂亮**	**piàoliang**	**27**
聞く、聴く	**听**	**tīng**	**66**	きわめて	～极了	jí le	39
聞く（たずねる）	问	wèn	73	気をつけて	慢走	mànzǒu	41
帰国する	回国	huí guó	93	気をつける	注意	zhùyì	95
起床する	起床	qǐ chuáng	42	金閣寺	金阁寺	Jīngésì	63
季節	季节	jìjié	81	銀閣寺	银阁寺	Yíngésì	63
北	北边	běibian	49	銀座	银座	Yínzuò	64
ギター	吉他	jítā	67	**緊張する**	**紧张**	**jǐnzhāng**	**105, 111**
鍛える	**锻炼**	**duànliàn**	**111**	金曜日	星期五	xīngqīwǔ	53
帰宅する	回家	huí jiā	24				
北野天満宮	北野天满宫 Běiyě Tiānmǎngōng		63	**く**			
				空港	机场	jīchǎng	60
北門	北门	běimén	50	熊本	熊本	Xióngběn	45
きちんと～し終わる	**～好**	**hǎo**	**101, 110**	暗い	黑	hēi	127
きっと	**一定**	**yídìng**	**111**	～ぐらい	～左右	zuǒyòu	**59**
切符	票	piào	72	クラス	班	bān	35
昨日	昨天	zuótiān	42	クラシック音楽	古典音乐	gǔdiǎn yīnyuè	84
気晴らしをする	散心	sàn xīn	99	クリックする	点击	diǎnjī	75
岐阜	岐阜	Qífù	45	来る	来	lái	41, **59**
決める	决定	juédìng	95	車を運転する	开车	kāi chē	88
気持ちがいい	**舒服**	**shūfu**	**27**	クレジットカード	信用卡	xìnyòngkǎ	71

| 群馬 | 群马 | Qúnmǎ | 45 |

け

経営学部	经营学系	jīngyíngxuéxì	18
経済学部	**经济学系**	**jīngjìxuéxì**	**15**
軽食	**小吃**	**xiǎochī**	**114**
携帯電話	手机	shǒujī	24
携帯番号	手机号码	shǒujī hàomǎ	74
ケーキ	蛋糕	dàngāo	31
ゲームをする（オンラインゲームなど）			
	玩游戏	wán yóuxì	67
月曜日	星期一	xīngqīyī	53
結婚する	结婚	jié hūn	97
蹴る	踢	tī	119, 122
～軒	～家	jiā	72
～件	～件	jiàn	72
～県	～县	xiàn	45
元（話し言葉）	块	kuài	79
〃（書き言葉）	元	yuán	79
原稿	**稿子**	**gǎozi**	**110**
ケンタッキー	肯德基	Kěndéjī	78

こ

～個	～个	ge	33
五	五	wǔ	35
～号館	～号楼	hàolóu	50
皇居	皇居	Huángjū	64
高校	高中	gāozhōng	121
高校生	高中生	gāozhōngshēng	33
高知	高知	Gāozhī	45
紅茶	红茶	hóngchá	30
講堂	礼堂	lǐtáng	50
神戸	**神户**	**Shénhù**	**53**
公務員	公务员	gōngwùyuán	95
紅葉	红叶	hóngyè	81
交流する	**交流**	**jiāoliú**	**114**
声	声音	shēngyīn	127
声に出して読む	念	niàn	23
コーヒー	咖啡	kāfēi	29
コーラ	可乐	kělè	30
国際学部	国际学系	guójìxuéxì	18
黒板	黑板	hēibǎn	101
黒板の字	黑板上的字	hēibǎn shàng de zì	101
ここ	这里	zhèlǐ	48
〃	这儿	zhèr	48
午後	下午	xiàwǔ	40
心地よい	**舒服**	**shūfu**	**27**
御所	御所	Yùsuǒ	63
午前	上午	shàngwǔ	40
ごちそうする	请客	qǐng kè	121
事	事	shì	72
今年	今年	jīnnián	33
ごはん	饭	fàn	24
ご飯を食べる	**吃饭**	**chī fàn**	**24, 39**
米のご飯	米饭	mǐfàn	72
ごめんなさい	对不起	duìbuqǐ	96
ゴルフ	高尔夫球	gāo'ěrfūqiú	122
ゴルフをする	打高尔夫球		
		dǎ gāo'ěrfūqiú	122
これ、この	这(这个)	zhè(ge)	21
これら（複数）	这些	zhèxiē	23
今月	这(个)月	zhè(ge) yuè	57
今後、これから	**今后**	**jīnhòu**	**66**
今週	这(个)星期		
		zhè(ge) xīngqī	54
コンテスト	比赛	bǐsài	56, **110**, 119
こんなに	这么	zhème	82
こんにちは	**你好**	**nǐ hǎo**	**15**
コンビニ	便利店	biànlìdiàn	41

さ

～歳	～岁	suì	33
最近	最近	zuìjìn	99
サイクリング	骑自行车	qí zìxíngchē	67
最初	开始	kāishǐ	105
サイダー	汽水	qìshuǐ	31
埼玉	埼玉	Qíyù	45
財布	钱包	qiánbāo	107
佐賀	佐贺	Zuǒhè	45
探す	找	zhǎo	101
昨年	去年	qùnián	57
桜	**樱花**	**yīnghuā**	**27**
酒	酒	jiǔ	100
酒を飲む	喝酒	hē jiǔ	100

さしみ	生鱼片	shēngyúpiàn	31
座席	座位	zuòwèi	39
～させる	让	ràng	110
～冊	～本	běn	71
サッカー	足球	zúqiú	56, 119
サッカーの試合	足球比赛	zúqiú bǐsài	56
サッカーをする	踢足球	tī zúqiú	122
サッカーワールドカップ	世界杯足球赛	shìjièbēi zúqiúsài	119
さっき	刚才	gāngcái	101
雑誌	杂志	zázhì	72, 125
雑談する	聊天儿	liáo tiānr	27
寒い	冷	lěng	27, 81
再来年	后年	hòunián	57
さらに	还	hái	33, 114
〃	更	gèng	82
三	三	sān	35
参加する	参加	cānjiā	110
散歩する	散步	sàn bù	67

し

四	四	sì	35
字	字	zì	101
～時	～点	diǎn	39
試合	比赛	bǐsài	56, 110, 119
じいさん	爷爷	yéye	34
〃（母方の祖父）	老爷	lǎoye	34
～し終わる	～完	wán	99
滋賀	滋贺	Zīhè	45
しかし	不过	búguò	27
〃	但是	dànshì	81
時間	时间	shíjiān	39
～時間	～(个)小时	(ge) xiǎoshí	59
自己紹介	自我介绍	zìwǒ jièshào	66
仕事、仕事をする	工作	gōngzuò	95, 115
仕事につく	从事	cóngshì	115
辞書	词典	cídiǎn	23, 71
静岡	静冈	Jìnggāng	45
～したい	想	xiǎng	53
〃	要	yào	110
～したことがある	～过	guo	53
～した	了	le	33, 39

下	下边	xiàbian	49
七	七	qī	35
実家	老家	lǎojiā	45
しっかり、十分に	好好(好好儿)	hǎohǎo (hǎohāor)	95, 111
湿気がある	潮湿	cháoshī	81
～していない、～しなかった	没	méi	39
～しているところだ	在	zài	99
～してから、～したあと	以后	yǐhòu	44, 111
（どうぞ）～してください	请	qǐng	66
～して知覚する	～见	jiàn	101
～して目的に達する	～到	dào	101
～してもよい	可以	kěyǐ	71, 105
～して理解する	～懂	dǒng	101
自転車	自行车	zìxíngchē	30
自動車	汽车	qìchē	62
自動車学校	驾驶学校	jiàshǐ xuéxiào	111
～しない	不	bù	15
～しないでください（禁止）	不要	búyào	119
〃	别	bié	121
～しながら…する	一边～一边…	yìbiān~yìbiān…	27
品川	品川	Pǐnchuān	64
～しなければならない	要	yào	93
渋谷	涩谷	Sègǔ	64
自分	自己	zìjǐ	111
自分の目で	亲眼	qīnyǎn	114
～し間違える	～错	cuò	101
島根	岛根	Dǎogēn	45
事務室	办公室	bàngōngshì	51
事務棟	办公楼	bàngōnglóu	50
社会学部	社会学系	shèhuìxuéxì	18
写真	照片	zhàopiàn	33
写真を撮る	拍照	pāi zhào	67
ジャズ音楽	爵士音乐	juéshì yīnyuè	84
ジャスミン茶	茉莉花茶	mòlìhuāchá	31
しゃべる	聊天儿	liáo tiānr	27
邪魔をする	打扰	dǎ rǎo	121

日本語	中国語	ピンイン	ページ
視野を広げる	开阔眼界	kāikuò yǎnjiè	114
十	十	shí	35
〜週間	〜个星期	ge xīngqī	60
従業員	服务员	fúwùyuán	77
15分	一刻	yí kè	40
従事する	从事	cóngshì	115
住所	地址	dìzhǐ	74
ジュース	果汁	guǒzhī	31
柔道	柔道	róudào	122
週末	周末	zhōumò	93
授業が終わる	下课	xià kè	111
授業を受ける、授業が始まる	上课	shàng kè	44, 119
宿舎	宿舍	sùshè	59
宿題	作业	zuòyè	42
宿題をする	做作业	zuò zuòyè	42, 99
受験する	考	kǎo	95
趣味	爱好	àihào	66
種類（量詞）	种	zhǒng	111
種類	种类	zhǒnglèi	47
準備する	准备	zhǔnbèi	111
紹介する	介绍	jièshào	87
小学校	小学	xiǎoxué	121
小学生	小学生	xiǎoxuéshēng	94
将棋	象棋	xiàngqí	67
正午	中午	zhōngwǔ	40
上手だ	好	hǎo	27
使用する	使用	shǐyòng	71
小説	小说	xiǎoshuō	72
商品	商品	shāngpǐn	71
将来	将来	jiānglái	115
ジョギングする	跑步	pǎo bù	122
食堂	食堂	shítáng	36, 39
しょっちゅう、よく	经常	jīngcháng	49
ショッピングする	购物	gòu wù	71
書店	书店	shūdiàn	50
知らせる	告诉	gàosu	71
知り合う	认识	rènshi	21
知る	知道	zhīdào	112
シンガポール	新加坡	Xīnjiāpō	91
新幹線	新干线	xīngànxiàn	62
新宿	新宿	Xīnsù	64
心配する	担心	dān xīn	120
新聞	报纸	bàozhǐ	94
心理学部	心理学系	xīnlǐxuéxì	18

す

日本語	中国語	ピンイン	ページ
スイーツ	甜品	tiánpǐn	53
水ぎょうざ	水饺	shuǐjiǎo	56
水曜日	星期三	xīngqīsān	53
スカイツリー	东京晴空塔 Dōngjīng qíngkōngtǎ		64
スケートをする	滑冰	huá bīng	122
スキーをする	滑雪	huá xuě	90
好きだ	喜欢	xǐhuan	27
（時間が）過ぎる	过	guò	110
〜すぎる	太…了	tài…le	28
少し	一点儿	yìdiǎnr	82, 87
〃（好ましくないこと）	有点儿	yǒudiǎnr	119
少しも〜ない	一点儿也〜	yìdiǎnr yě〜	94
寿司	寿司	shòusī	31
涼しい	凉快	liángkuai	30
スターバックス	星巴克	Xīngbākè	78
ずっと	一直	yìzhí	60, 119
ずっと〜だ	〜多了	duō le	81
〃	〜得多	de duō	82
すでに	已经	yǐjīng	87
ストレス	压力	yālì	99
すばらしい	不错	búcuò	71
スピーチコンテスト	演讲比赛	yǎnjiǎng bǐsài	110
スペイン	西班牙	Xībānyá	91
すべて	都	dōu	15
スポーツ	体育运动	tǐyùyùndòng	30
スポーツ（球技）観戦	看球	kàn qiú	67
ズボン	裤子	kùzi	72
する	做	zuò	42, 93
（サッカーを）する	踢	tī	119, 122
（球技などを）する	打	dǎ	122
〜するだろう（可能性）	会	huì	111
〜するつもりだ	打算	dǎsuàn	93
〃	要	yào	110
〜するとき	〜的时候	de shíhou	99, 119
〜するとすぐ…する	一〜就…	yī〜jiù…	111

日本語	中文	ピンイン	ページ
～するな（禁止）	別	bié	121
	不要	búyào	119
～するはずだ（可能性）	会	huì	111
～する必要がある	要	yào	93
～すればするほど…	越～越…	yuè~yuè…	105

せ

日本語	中文	ピンイン	ページ
政策学部	政策学系	zhèngcèxuéxì	18
正門	正門	zhèngmén	50
姓を～という	姓	xìng	21
絶対に	一定	yídìng	111
ゼロ	零	líng	40
千	（一）千	yìqiān	35
先月	上(个)月	shàng (ge) yuè	57
選手	选手	xuǎnshǒu	119
先週	上(个)星期	shàng (ge) xīngqī	54, 71
先生	老师	lǎoshī	16, 110
浅草寺	浅草寺	Qiáncǎosì	64
全然～ない	一点儿也～	yìdiǎnr yě~	94
全部で	一共	yígòng	77
専門、専攻	专业	zhuānyè	21

そ

日本語	中文	ピンイン	ページ
早朝	凌晨	língchén	119
そうですか	是吗	shì ma	21
そこ	那里	nàli	48
〃	那儿	nàr	48
卒業する	毕业	bì yè	93
外	外边	wàibian	47
そのうえ	还	hái	33, 114
その後	后来	hòulái	105
そのとおりだ、そうだ	对	duì	81
そば	旁边	pángbian	49
（母方の）祖父	老爷	lǎoye	34
（父方の）祖父	爷爷	yéye	34
（母方の）祖母	姥姥	lǎolao	34
（父方の）祖母	奶奶	nǎinai	34
空	天	tiān	127
それ、その	那(那个)	nà(nàge)	23
それでは	那	nà	39
それとも	还是	háishi	81
それら	那些	nàxiē	23
そんなに	那么	nàme	82

た

日本語	中文	ピンイン	ページ
タイ	泰国	Tàiguó	91
体育館	体育馆	tǐyùguǎn	50
大学院生	研究生	yánjiūshēng	95
大学生	大学生	dàxuéshēng	18
太極拳	太极拳	tàijíquán	122
大丈夫だ	没问题	méi wèntí	99
台北	台北	Táiběi	87
大変だ	辛苦	xīnkǔ	59
台湾ドル	台币	Táibì	79
台湾	台湾	Táiwān	87
ダウンロードする	下载	xiàzǎi	75
（値段が）高い	贵	guì	82
だから	所以	suǒyǐ	114
抱く	抱	bào	114
たくさん	多多	duōduō	114
たくさんの	很多	hěn duō	29
タクシー	出租车	chūzūchē	62
助ける	帮	bāng	111
〃	帮忙	bāng máng	97
たずさえる	带	dài	125
たずねる	问	wèn	73
ただ、～だけ	只	zhǐ	119
正しい	对	duì	81
たち	们	men	102
達する	到	dào	113
たった	才	cái	87
卓球	乒乓球	pīngpāngqiú	122
卓球をする	打乒乓球	dǎ pīngpāngqiú	122
ダブルクリックする	双击	shuāngjī	75
食べ終われない	吃不完	chībuwán	127
食べ終われる	吃得完	chīdéwán	127
食べる	吃	chī	24, 39
誰	谁	shéi	16, 33
誕生日	生日	shēngrì	57
壇上に上がる	上台	shàng tái	111
ダンスをする	跳舞	tiào wǔ	67

ち

小さい	小	xiǎo	28
地下	地下	dìxià	**47**
近い	近	jìn	60
近く	附近	fùjìn	59, 93
地下鉄	地铁	dìtiě	61
チケット	票	piào	72
遅刻する	迟到	chídào	95
地図	地图	dìtú	45
父	爸爸	bàba	34
千葉	千叶	Qiānyè	45
チャーハン	炒饭	chǎofàn	31
～着	～件	jiàn	72
茶葉	茶叶	cháyè	121
チャンス	机会	jīhuì	**111**
注意する	注意	zhùyì	95
中華街	**中华街**	**Zhōnghuájiē**	**53**
中華料理	中国菜	Zhōngguócài	29
中華レストラン	中餐厅	Zhōngcāntīng	42
中国	中国	Zhōngguó	28
中国語	**汉语**	**Hànyǔ**	**21**
〃	中文	Zhōngwén	94
中国語の新聞	中文报纸	Zhōngwén bàozhǐ	94
中国人留学生	中国留学生	Zhōngguó liúxuéshēng	15
中国人	中国人	Zhōngguórén	15
中国人の友だち	中国朋友	Zhōngguó péngyou	30
昼食	午饭	wǔfàn	42
注文する	**点**	**diǎn**	**85**
駐輪場、駐車場	停车场	tíngchēchǎng	50
朝食	早饭	zǎofàn	44
ちょっと～する	一下	yíxià	87
チンジャオロース	青椒肉丝	qīngjiāoròusī	31

つ

通学する	上学	shàng xué	59
使う	用	yòng	49, **111**
〃	使用	shǐyòng	71
机	桌子	zhuōzi	49
都合がよい	方便	fāngbiàn	107
つまらない	没意思	méi yìsi	94
	（没有意思	méiyǒu yìsi）	
つり銭を渡す	找	zhǎo	77

て

～で（場所）	在	zài	47
〃 （手段）	用	yòng	49, **110**
ディズニー	迪士尼	Díshìní	67
停留所	车站	chēzhàn	60
できごと	事	shì	72
テキスト	**课本**	**kèběn**	15, **21**
テキストの本文	课文	kèwén	23
～できる（会得）	会	huì	87
〃 （能力・条件）	能	néng	93, **99**
〃 （許可・可能）	可以	kěyǐ	71, **105**
では	那	nà	39
手伝う	帮	bāng	**111**
〃	帮忙	bāng máng	97
テニス	网球	wǎngqiú	122
テニスをする	打网球	dǎ wǎngqiú	108
～ではない	不	bù	15
でも	不过	búguò	27
〃	但是	dànshì	81
～でもあり…でもある	又～又…	yòu~yòu…	47
寺	寺庙	sìmiào	29
出る	**参加**	**cānjiā**	**110**
テレビ	电视	diànshì	42
テレビを見る	看电视	kàn diànshì	42
店員	服务员	fúwùyuán	77
天気	天气	tiānqì	27
電車	**电车**	**diànchē**	**59**
天ぷら	天妇罗	tiānfùluó	31
店舗	店铺	diànpù	71
電話	电话	diànhuà	99
電話に出る	接电话	jiē diànhuà	100
電話番号	电话号码	diànhuà hàomǎ	100
電話をかける	打电话	dǎ diànhuà	102

と

| ～と | 跟～ | gēn 49, 53, 93, **114** |

日本語	中国語	ピンイン	ページ
～と…	～和…	hé	16, 33
～度	～次	cì	74, 111
ドイツ	德国	Déguó	91
ドイツ語	德语	Déyǔ	116
トイレ	洗手间	xǐshǒujiān	48
東京	东京	Dōngjīng	45, 64
東京駅	东京站	Dōngjīngzhàn	64
東京タワー	东京塔	Dōngjīngtǎ	64
東京ディズニーランド	东京迪士尼乐园	Dōngjīng Díshìní lèyuán	64
東京ドーム	东京巨蛋	Dōngjīng jùdàn	64
東京の人	东京人	Dōngjīngrén	18
父さん	爸爸	bàba	34
東寺	东寺	Dōngsì	63
どうしたのか	怎么了	zěnme le	119
どうして	为什么	wèi shénme	119
どうしよう	怎么办	zěnme bàn	99
当然	当然	dāngrán	105
どうぞ～してください	请	qǐng	66
どうぞよろしくお願いします。	请多多关照。	Qǐng duōduō guānzhào.	66
どうですか	怎么样	zěnmeyàng	27, 47
東福寺	东福寺	Dōngfúsì	63
道路	路	lù	72
遠い	远	yuǎn	59
～と関係がある	跟～有关	gēn~ yǒuguān	115
とき	时候	shíhou	99, 119
徳島	德岛	Dédǎo	45
読書する	看书	kàn shū	67
特に、とりわけ	特别	tèbié	28
渡月橋	渡月桥	Dùyuèqiáo	63
どこ	哪儿（哪里）	nǎr (nǎli)	42, 47
ところ	地方	dìfang	55, 125
登山	爬山	pá shān	67
年上である	大	dà	28, 33
図書館	图书馆	túshūguǎn	24
栃木	栃木	Lìmù	45
都庁	东京都厅	Dōngjīng dūtīng	64
鳥取	鸟取	Niǎoqǔ	45
とても	很	hěn	27
〃	非常	fēicháng	21
となり	旁边	pángbian	49
どのくらい	多	duō	33, 59
どのくらい、どれだけ	多少	duōshao	35
どのくらいの時間	多长时间	duō cháng shíjiān	59
どのように、どう	怎么	zěnme	59
友だち	朋友	péngyou	21, 87
富山	富山	Fùshān	45
土曜日	星期六	xīngqīliù	53
努力する	努力	nǔlì	111
ドリンク	饮料	yǐnliào	41, 105
撮る	拍	pāi	67
ドル	美元	Měiyuán	79
どれ、どの	哪（哪个）	nǎ (nǎge)	23
〃（複数）	哪些	nǎxiē	23

な

日本語	中国語	ピンイン	ページ
ない	没有	méiyǒu	29
～ない	不	bù	15
内容	内容	nèiróng	125
中	里边	lǐbian	49
長い	长	cháng	59
長崎	长崎	Chángqí	45
なかなかよい	不错	búcuò	71
長野	长野	Chángyě	45
なぜ	为什么	wèi shénme	119
なぜならば	因为	yīnwèi	119
夏	夏天	xiàtiān	27, 81
夏休み	暑假	shǔjià	114
七	七	qī	35
なに	什么	shénme	21
なので	所以	suǒyǐ	114
名前	名字	míngzi	22
名前を～という	叫	jiào	21
奈良	奈良	Nàiliáng	45
（職業）なる	当	dāng	95
（ある時点に）なる	到	dào	112
何月	几月	jǐ yuè	57
何個、何人（10以下）	几个	jǐ ge	35
何歳	多大	duō dà	33
〃（目上の人）	多大年纪	duō dà niánjì	34
〃（子供）	几岁	jǐ suì	34

何時	几点	jǐ diǎn	39
何日	几号	jǐ hào	57
何年	哪年	nǎ nián	57
何分	几分	jǐ fēn	57
何メートル	多少米	duōshao mǐ	96
何曜日	星期几	xīngqī jǐ	57

に

二	二	èr	35
〃（数量）	两	liǎng	33
～に	给～	gěi	105
兄さん	哥哥	gēge	33
新潟	新潟	Xīnxì	45
～に貸す	借给～	jiègěi	125
西	西边	xībian	49
二条城	二条城	Èrtiáochéng	63
～に住む	住在～	zhùzài	59
にせ物	假货	jiǎhuò	112
～日	～号	hào	54
～日間	～天	tiān	60
日常生活	日常生活	rìcháng shēnghuó	114
日曜日	星期天（星期日）	xīngqītiān (xīngqīrì)	53
～になる、～になった（変化）	了	le	127
日本	日本	Rìběn	21
日本円	日元	Rìyuán	79
日本語	日语	Rìyǔ	41, 87
日本人	日本人	Rìběnrén	18
日本人の学生	日本学生	Rìběn xuéshēng	18
日本料理	日本菜	Rìběncài	30
入浴する	洗澡	xǐ zǎo	44
～に忘れる	忘在～	wàngzài~	126
～人	～个	ge	33
〃（家族）	～口	kǒu	34
〃（丁寧）	～位	wèi	72

ね

姉さん	姐姐	jiějie	34
眠い	困	kùn	112, 119
寝る	睡（睡觉）	shuì (shuì jiào)	42, 119
～年間	～年	nián	60
～年生	～年级	niánjí	15

の

～の（名詞を修飾する助詞）	的	de	15
～のあとについて	跟～	gēn	49, 53, 93, 114
農学部	农学系	nóngxuéxì	18
能力	能力	nénglì	114
ノート	笔记本	bǐjìběn	72
～のころ	～的时候	de shíhou	99, 119
～のために	给～	gěi	105
～のときもある	有时候	yǒushíhou	47
登る	爬	pá	114
飲みもの	饮料	yǐnliào	41, 105
飲む	喝	hē	29, 105
乗る	坐	zuò	59
〃（またがる乗り物）	骑	qí	61

は

～は？	～呢？	ne	15
～は…である	是	shì	15
ばあさん	奶奶	nǎinai	34
〃（母方の祖母）	姥姥	lǎolao	34
ハードディスク	硬盘	yìngpán	75
～杯（コップ）	～杯	bēi	72
〃（碗）	～碗	wǎn	72
はい（同意、承諾）	好	hǎo	39
はい、そうです	是（是的）	shì (shì de)	15
バイク	摩托车	mótuōchē	61
入る	进	jìn	101
初めて	第一次	dì yī cì	105
初め	开始	kāishǐ	105
場所	地方	dìfang	55, 125
走る	跑	pǎo	106
バス	巴士	bāshì	62
〃	公共汽车	gōnggòngqìchē	62
〃	公交车	gōngjiāochē	61
バスケットボール	篮球	lánqiú	122
バスケットボールをする	打篮球	dǎ lánqiú	122

パスタ	意大利面	Yìdàlìmiàn	31
パスワード	密码	mìmǎ	75
パソコン	电脑	diànnǎo	29
働く	**工作**	gōngzuò	95, **115**
八	八	bā	35
発音	**发音**	fāyīn	**111**
バドミントン	羽毛球	yǔmáoqiú	122
バドミントンをする	打羽毛球	dǎ yǔmáoqiú	122
話す	**说**	shuō	27, **87**
母親	妈妈	māma	17
速い（スピード）	快	kuài	106, **110**
早い（時間）	早	zǎo	106
はやめに	早点儿	zǎodiǎnr	95
ハリー・ポッター	哈利·波特	Hālì·Bōtè	67
ハリウッド	好莱坞	Hǎoláiwù	67
春	春天	chūntiān	122
バレーボール	排球	páiqiú	122
バレーボールをする	打排球	dǎ páiqiú	122
ハワイ	夏威夷	Xiàwēiyí	91
半	半	bàn	40, **59**
パン	面包	miànbāo	30
番号	号码	hàomǎ	74
晩ご飯	晚饭	wǎnfàn	44
パンダ	**熊猫**	xióngmāo	**114**
反対する	反对	fǎnduì	112
半年	半年	bàn nián	**87**
ハンバーガー	汉堡包	hànbǎobāo	31
万里の長城	长城	Chángchéng	114

ひ

ピアノ	钢琴	gāngqín	67
ビール	啤酒	píjiǔ	31
比較的	**比较**	bǐjiào	28, **114**
東	东边	dōngbian	49
東門	东门	dōngmén	50
（楽器を）弾く	弹	tán	67
飛行機	飞机	fēijī	62
ピザ	比萨饼	bǐsàbǐng	31
ピザハット	必胜客	Bìshèngkè	78
非常に	非常	fēicháng	21
左	左边	zuǒbian	49
ヒップホップダンス	嘻哈舞	xīhāwǔ	67

人	人	rén	34
一人っ子（男性）	独生子	dúshēngzǐ	34
〃 （女性）	独生女	dúshēngnǚ	34
百	（一）百	(yì)bǎi	35
兵庫	兵库	Bīngkù	45
昼ご飯	午饭	wǔfàn	42
広島	广岛	Guǎngdǎo	45

ふ

～府	～府	fǔ	45
ファーストフード店	快餐店	kuàicāndiàn	77
ファイル	文件	wénjiàn	75
ファッション	服装	fúzhuāng	125
ファミリーマート	全家	Quánjiā	78
プール	游泳池	yóuyǒngchí	93
附近	附近	fùjìn	59, 93
服	衣服	yīfu	29
福井	福井	Fújǐng	45
福岡	福冈	Fúgāng	45
福島	福岛	Fúdǎo	45
復習する	复习	fùxí	94
伏見稲荷	伏见稲荷	Fújiàn Dàohé	63
再び	再	zài	77
ふたつ	两	liǎng	**33**
ふだん	平时	píngshí	**47**
船	船	chuán	62
冬	**冬天**	dōngtiān	27, **81**
冬休み	寒假	hánjià	111
フランス	法国	Fǎguó	91
プレッシャー	压力	yālì	99
風呂に入る	洗澡	xǐ zǎo	44
～分	**～分**	fēn	**39**
分（人民元の単位）	分	fēn	79
文学部	文学系	wénxuéxì	18
～分間	～分钟	fēnzhōng	60

へ

平安神宮	平安神宮	Píng'ān Shéngōng	63
北京	北京	Běijīng	75, **81**
北京ダック	北京烤鸭	Běijīng kǎoyā	56
ベトナム	越南	Yuènán	91

日本語	中国語	ピンイン	ページ
ヘリコプター	直升机	zhíshēngjī	62
ペン	笔	bǐ	24
勉強する	**学**	**xué**	**87**
	学习	xuéxí	21
便利だ	方便	fāngbiàn	107

ほ

日本語	中国語	ピンイン	ページ
法学部	法学系	fǎxuéxì	18
豊富だ	丰富	fēngfù	125
ホール	礼堂	lǐtáng	50
ポケット	口袋	kǒudài	29
ほしい	要	yào	77
（郵便）ポスト	邮筒	yóutǒng	50
北海道	北海道	Běihǎidào	45
ホットドッグ	热狗	règǒu	78
ポテト	薯条	shǔtiáo	77
ほとんど	大部分	dàbùfen	101
骨が折れる	辛苦	xīnkǔ	59
ポルトガル	葡萄牙	Pútáoyá	91
本	**书**	**shū**	**21**
～本（瓶など）	～瓶	píng	72
〃 （細長いもの）	～条	tiáo	72
〃 （棒状のもの）	～支（枝）	zhī	72
香港	香港	Xiānggǎng	91
香港ドル	港币	Gǎngbì	79
本当に	**真**	**zhēn**	**27**
本場の	**正宗**	**zhèngzōng**	**53**
本場の、本格的だ	地道	dìdao	53
（テキストの）本文	课文	kèwén	23
本屋	**书店**	**shūdiàn**	**50**
本を読む	看书	kàn shū	67

ま

日本語	中国語	ピンイン	ページ
マーボー豆腐	麻婆豆腐	mápódòufu	31
まあまあだ	还可以	hái kěyǐ	108
～枚（平面状のもの）	～张	zhāng	72
毎朝	每天早上	měitiān zǎoshang	72
毎年	**每年**	**měinián**	**81, 110**
毎日	**每天**	**měitiān**	**42, 59**
マウス	鼠标	shǔbiāo	75
前	前边	qiánbian	49
マクドナルド	麦当劳	Màidāngláo	78
まず～してから…する	先～然后…	xiān~ránhòu…	71
まだ（～していない）	还(没)	hái (méi)	39
全く～ない	一点儿也~	yìdiǎnr yě~	94
街を歩く、街歩き	逛街	guàng jiē	67
～まで	到~	dào~	59
窓	窗户	chuānghu	126
学ぶ	**学**	**xué**	**87**
	学习	xuéxí	21
マラソン	马拉松	mǎlāsōng	122
万	（一）万	(yí)wàn	35
真ん中	中间	zhōngjiān	49

み

日本語	中国語	ピンイン	ページ
三重	三重	Sānchóng	45
見えない	看不见	kànbujiàn	126
見える	看得见	kàndejiàn	126
右	右边	yòubian	49
店	店铺	diànpù	71
	商店	shāngdiàn	50
道	路	lù	72
みなさん	大家	dàjiā	66
みな	**都**	**dōu**	**15**
南	南边	nánbian	49
ミネラルウォーター	矿泉水	kuàngquánshuǐ	72
宮城	宮城	Gōngchéng	45
宮崎	宮崎	Gōngqí	45
見る	**看**	**kàn**	**22, 27**

む

日本語	中国語	ピンイン	ページ
向かい	对面	duìmiàn	49
麦茶	麦茶	màichá	31
難しい	难	nán	82

め

日本語	中国語	ピンイン	ページ
名所旧跡	名胜古迹	míngshēng gǔjì	55
明治神宮	明治神宮	Míngzhì Shéngōng	64
メートル	米	mǐ	93
メール	邮件	yóujiàn	74

メールアドレス	邮件地址	yóujiàn dìzhǐ	74
目の前	面前	miànqián	105
面倒を見る	**关照**	guānzhào	67
めん類	面条	miàntiáo	30

も

～も	也	yě	15
もう	已经	yǐjīng	87
もうすぐ～する	快～了	kuài~le	99
木曜日	星期四	xīngqīsì	53
文字を入力する	打字	dǎ zì	75
もしもし（電話）	喂	wéi	48, 99
用いる	用	yòng	49, 110
もちろん	当然	dāngrán	105
持つ	带	dài	125
持っていない	没有	méiyǒu	29
持っている	有	yǒu	27
最も	最	zuì	28, 81
もてあそぶ	玩儿	wánr	100
戻る	回	huí	24
もの	东西	dōngxi	53
紅葉	红叶	hóngyè	81
問題	问题	wèntí	73
問題ない	没问题	méi wèntí	99

や

野球	棒球	bàngqiú	56
野球の試合	棒球比赛	bàngqiú bǐsài	56
野球をする	打棒球	dǎ bàngqiú	56
夜景	夜景	yèjǐng	55
易しい	容易	róngyì	84
安い	便宜	piányi	47
休みをとる	请假	qǐng jià	97
休む	休息	xiūxi	88
やっと	才	cái	119
山形	山形	Shānxíng	45
山口	山口	Shānkǒu	45
山梨	山梨	Shānlí	45

ゆ

ユーザー	用户	yònghù	75
友人	朋友	péngyou	21, 87
雄大だ	雄伟	xióngwěi	114
夕飯	晚饭	wǎnfàn	44
郵便ポスト	邮筒	yóutǒng	50
ユーロ	欧元	Ōuyuán	79
雪が降る	下雪	xià xuě	112
豊かだ	丰富	fēngfù	125
ゆっくり	慢慢（慢慢儿）	mànmàn (mànmānr)	125
〃	慢	màn	41

よ

良い	好	hǎo	27
要する	要	yào	59
～曜日	星期～	xīngqī	53
ようやく	才	cái	119
ヨーロッパ	欧洲	Ōuzhōu	91
よく、いつも	经常	jīngcháng	49
横	旁边	pángbian	49
吉野家	吉野家	Jíyějiā	78
読む	看	kàn	22, 27
〃（声に出して）	念	niàn	23
～より	比	bǐ	81
夜	晚	wǎn	60
〃	晚上	wǎnshang	40
（寒さなどに）弱い	怕	pà	81
四	四	sì	35
読んで理解できない	看不懂	kànbudǒng	125
読んで理解できる	看得懂	kàndedǒng	125

ら

ラーメン	拉面	lāmiàn	31
来月	下(个)月	xià (ge) yuè	57
来週	下(个)星期	xià (ge) xīngqī	54
ライス	米饭	mǐfàn	72
来年	明年	míngnián	57, 93, 114
ラグビー	橄榄球	gǎnlǎnqiú	122

り

理工学部	理工学系	lǐgōngxuéxì	18
リフレッシュする	散心	sàn xīn	99

日本語	中国語	ピンイン	ページ
略図	略图	lüètú	50
留学生	**留学生**	liúxuéshēng	**15**
流行歌	**流行歌曲**	liúxíng gēqǔ	**66**
流暢だ	**流利**	liúlì	106, 111
寮	宿舍	sùshè	59
両国	两国	Liǎngguó	64
両親	父母	fùmǔ	112
料理	菜	cài	39
〃（ごはんとおかず）	饭菜	fàncài	47
料理をする	做菜	zuò cài	55
緑茶	绿茶	lǜchá	30
旅行する	**旅游**	lǚyóu	112, 114
	（旅行	lǚxíng）	
リラックスする	放松	fàngsōng	105
りんご	苹果	píngguǒ	72

れ

零	零	líng	40
レインボーブリッジ	彩虹大桥	Cǎihóng dàqiáo	64
レストラン	餐厅	cāntīng	42, 53
練習する	**练习**	liànxí	**111**
連続して	连续	liánxù	94

ろ

ローソン	罗森	Luósēn	78
六	六	liù	35
ロケット	火箭	huǒjiàn	62
ロシア	俄罗斯	Éluósī	91
ロッテリア	乐天利	Lètiānlì	78

わ

ワイン	葡萄酒	pútaojiǔ	31
和歌山	和歌山	Hégēshān	45
分かる	知道	zhīdào	112
わずかに	才	cái	87
私	**我**	wǒ	**15**
私たち	我们	wǒmen	16
〃（聞き手を含む）	咱们	zánmen	16
渡す	给	gěi	72
わりと	**比较**	bǐjiào	28, **114**
～碗	～碗	wǎn	72
わんぱくだ	淘气	táoqì	121

を

～を	把	bǎ	125
～を除いて	除了～以外	chúle~yǐwài	114

文末の助詞

吗	ma	（諾否疑問をあらわす）	**15**
呢	ne	（名詞につけて後ろを省略した疑問文を作る、～は？）	**15**
		（～しているという事実を確認する）	99
		（疑問詞疑問文につけて語気をやわらげる）	119
吧	ba	（提案・やわらかい命令・推量などをあらわす）	**21**
啊	a	（感嘆の語気をあらわす）	**53**

著　者

衛　榕　群（元 龍谷大学非常勤講師）
中　木　愛（龍谷大学准教授）

イラスト：淺山友貴（京都・東京地図，コラム，練習問題）
　　　　　いとうゆうじ（表紙，本文，練習問題）
　　　　　天佑神助（包子先生・水餃小姐）
装　　丁：トミタ制作室

音声ダウンロード　―練習帳付き―　大学漢語　　Dàxué Hànyǔ

2019 年 3 月 28 日　初版発行
2024 年 3 月 30 日　第 6 刷発行

著　者　　衛榕群・中木愛
発行者　　佐藤和幸
発行所　　白　帝　社
　　　　　〒 171-0014　東京都豊島区池袋 2-65-1
　　　　　TEL 03-3986-3271　FAX 03-3986-3272
　　　　　info@hakuteisha.co.jp
　　　　　https://www.hakuteisha.co.jp

組版・印刷／倉敷印刷㈱　　製本／ティーケー出版印刷㈱
Printed in Japan 〈検印省略〉6914　　　　　ISBN978-4-86398-335-9
＊定価は表紙に表示してあります。

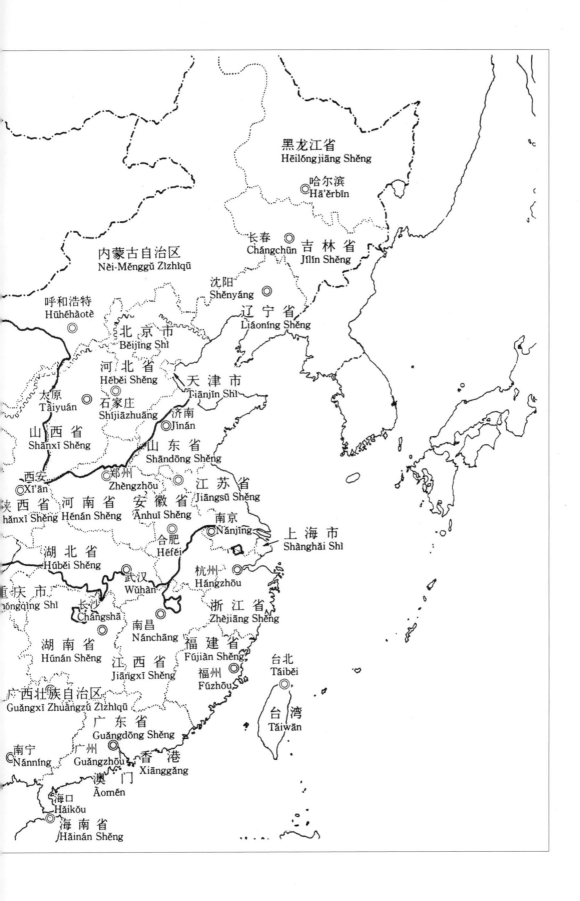

大学漢語 Dàxué Hànyǔ

练 习 本
liàn xí běn

氏名 _____

白帝社

大学漢語　Dàxué Hànyǔ　别冊

練 習 帳

2019年 3 月 28 日　初版発行
2024年 3 月 30 日　第 6 刷発行

著　者　衛榕群・中木愛
発行者　佐藤和幸
発行所　白 帝 社
　　　　〒171-0014　東京都豊島区池袋 2-65-1
　　　　TEL 03-3986-3271　FAX 03-3986-3272
　　　　info@hakuteisha.co.jp
　　　　https://www.hakuteisha.co.jp

組版・印刷／倉敷印刷㈱　製本／㈱ティーケー出版印刷

氏 名 ＿＿＿＿＿＿＿＿＿＿＿＿ ［発音］

中国語の発音

1. 声調符号をつけましょう。

      ma   ma   ma   ma

     第1声   第2声   第3声   第4声

2. 単母音を発音しながら書きましょう。

3. 複合母音を発音しながら書きましょう。

4. 子音を発音しながら書きましょう。

5. 母音＋鼻音を発音しながら書きましょう。

🎵 A22

6．発音をきいて声調符号をつけましょう。

〇（零）　一　二　三　四　五　六　七　八　九　十
　ling　　yi　er　san　si　wu　liu　qi　ba　jiu　shi

7．テキスト p.13 の表の単語を使って文を作りましょう。

氏 名 _____　［発音］

8．あいさつ表現の簡体字とピンインを書きましょう。

こんにちは。　　　　　　　　　　　ご面倒をおかけします。

_____　　　　_____

先生こんにちは。　　　　　　　　　ご遠慮なく。

_____　　　　_____

ありがとう。　　　　　　　　　　　さようなら。

_____　　　　_____

どういたしまして。　　　　　　　　お気をつけて。

_____　　　　_____

ごめんなさい。　　　　　　　　　　お疲れさまです。

_____　　　　_____

かまいません。

_____

氏 名 ＿＿＿＿＿＿＿＿＿＿＿＿ [第1課]

第 1 课　你好！
Nǐ hǎo!

新出語句

	簡体字	ピンイン	日本語
1.	你好	nǐ hǎo	こんにちは
2.			おたずねしますが
3.			あなた
4.			〜は…である
5.			中国人
6.			文末の助詞、疑問をあらわす
7.			はい、そうです
8.			私
9.			留学生
			中国人留学生
10.			経済学部
11.			名詞を修飾する助詞（〜の）
12.			学生（"shēng" は軽声で読むことが多い）
13.			〜は？（名詞につけて後を省略した疑問文をつくる）
14.			〜も
15.			すべて、みな

人称代名詞

		わたし
		わたしたち

	あなた
	あなたたち
	彼／彼女
	彼ら／彼女たち
	誰

会話コーナーの語句　☞ p.10

本文

李龍：　こんにちは！

你 好！
Nǐ hǎo!

高木：　こんにちは！　おたずねしますが、あなたは中国人ですか？

李龍：　はい。私は中国人留学生です。

高木：　私は経済学部の学生です。あなたは？

李龍：　私も経済学部の学生です。

高木：　私たちはみな経済学部（の学生）です。

氏 名 _____ ［第1課］

練習問題

1．次のピンインを中国語（簡体字）にし、日本語に訳しなさい。

(1) Qǐngwèn, nǐ shì xuéshēng ma?

(2) Tāmen dōu shì liúxuéshēng.

(3) Nǐ yě shì jīngjìxuéxì de ma?

2．中国語に訳し、ピンインを書いて発音しなさい。

(1) 私は日本人です。

(2) 私は［　　］大学［　　］学部［　　］年生の学生です。

(3) 彼女は経営学部の先生ではありません。

A36
3．次の中国語の質問に対して中国語で答えなさい。

(1)

(2)

(3)

— 9 —

会話コーナーの語句

	日本人
	アメリカ人
	東京の人
	大阪の人
	京都の人
	教師、先生
	大学生
	留学生
	中国人留学生
	日本人の学生
	〔　　　〕学部　←自分の学部
	〔　　　〕大学　←自分の大学名
	一年生

氏 名 _____ ［第2課］

第 2 课　您贵姓？
　　　　　Nín guìxìng?

新出語句

簡体字	ピンイン	日本語

1. _____　_____　お名前は？　姓をたずねる言い方

2. _____　_____　姓を～という

3. _____　_____　名前を～という

4. _____　_____　李 龍

5. _____　_____　高木 愛

6. _____　_____　これ、この

7. _____　_____　なに、どんな

8. _____　_____　本

9. _____　_____　中国語

10. _____　_____　テキスト、教科書

11. _____　_____　そうですか

12. _____　_____　いっしょに

13. _____　_____　勉強する

14. _____　_____　文末の助詞、提案・やわらかい命令・推量など

人や事物をあらわす代名詞

_____　_____　これ・それ

_____　_____　これら・それら

_____　_____　それ・あれ

_____　_____　それら・あれら

	どれ
	どれら
	なに

会話コーナーの語句　☞ p.14

本　文

高木：　あなたのお名前は？

李龍：　私は李という姓で、李龍といいます。

高木：　私は高木愛といいます。

李龍：　これは何の本ですか？

高木：　これは私たちの中国語のテキストです。

李龍：　そうですか。私たち一緒に勉強しましょう！

氏 名 _____　［第2課］

練習問題

1．次のピンインを中国語（簡体字）にし、日本語に訳しなさい。

　　（1）　Zhè shì wǒ de shū.

　　（2）　Nǐ jiào shénme míngzi?

　　（3）　Wǒmen yìqǐ qù túshūguǎn ba!

2．中国語に訳し、ピンインを書いて発音しなさい。

　　（1）　私は〔　　〕という姓で、〔　　　　〕という名前です。

　　（2）　これはあなたの携帯電話ですか？

　　（3）　私たちは一緒にご飯を食べましょう。

A43　3．次の中国語の質問に対して中国語で答えなさい。

　　（1）

　　（2）

　　（3）

— 13 —

会話コーナーの語句

.... 携帯電話

.... ペン

.... かばん

.... 図書館に行く

.... ご飯を食べる

.... 家に帰る

氏 名 ＿＿＿＿＿＿＿＿＿＿＿ ［第3課］

第 3 课 今天天气真好！
Jīntiān tiānqì zhēn hǎo!

新出語句

	簡体字	ピンイン	日本語
1.			今日
2.			天気
3.			本当に
4.			良い
5.			うん（肯定・承諾）
6.			とても
7.			気持ちがいい、心地よい、快適だ
8.			見る
9.			桜
10.			美しい、きれいだ
11.			好きだ
12.			ある、いる、持っている
13.			でも
14.			あまり～でない
15.			多い

程度副詞

		あまり～ない
		わりと
		非常に
		特に
		最も

— 15 —

| | 本当に |
| | ～すぎる |

会話コーナーの語句

	暑い
	寒い
	暖かい
	涼しい
	スポーツ
	映画をみる
	歌をうたう
	食べる
	中華料理
	日本料理
	イタリア料理
	パン
	麺、めん類
	飲む
	コーヒー
	紅茶
	緑茶
	牛乳
	コーラ
	中国人の友だち
	パソコン
	自転車

氏 名 ＿＿＿＿＿＿＿＿＿＿ [第3課]

本　文

高木：　今日はお天気が本当にいいです！

李龍：　うん、とても気持ちがいいです。

高木：　見て、桜が本当にきれいです！

李龍：　私は日本の桜がとても好きです。

高木：　中国にも桜がありますか？

李龍：　あります、でもあまり多くないです。

氏名 _____ ［第3課］

練習問題

1．次のピンインを中国語（簡体字）にし、日本語に訳しなさい。

 (1) Jīntiān bú tài rè.

 (2) Rìběn yǒu hěn duō yīnghuā.

 (3) Wǒ bù xǐhuan chàng gē.

2．中国語に訳し、ピンインを書いて発音しなさい。

 (1) あなたは中国語のテキストを持っていますか？

 (2) 今日は本当に暑い。

 (3) あなたはアメリカ映画を見るのが好きですか？

A50
3．次の中国語の質問に対して中国語で答えなさい。

 (1)

 (2)

 (3)

第 4 课　他今年多大？
Tā jīnnián duō dà?

新出語句

	簡体字	ピンイン	日本語
1.			誰
2.			お兄さん、兄
3.			今年
4.			何歳、年齢をたずねる表現
5.			～歳
6.			いくつ（10 以下の少ない数や序数をたずねる）
7.			～個、～人（ものや人を数える量詞）
8.			兄弟姉妹
9.			～と…
10.			2、ふたつ
11.			妹

親族名称

	日本語
	父
	母
	姉
	兄
	弟
	妹
	父方の祖父
	父方の祖母
	母方の祖父
	母方の祖母

会話コーナーの語句

_____ 食堂
_____ キャンパス

本文

高木： これは誰ですか？

李龍： これは私の兄です。

高木： 彼は今年何歳ですか？

李龍： 今年25歳です。

高木： あなたは何人兄弟がいますか？

李龍： 私は兄が1人と妹が2人います。

氏名 ＿＿＿＿＿＿＿＿＿＿ ［第4課］

練習問題

1．次のピンインを中国語（簡体字）にし、日本語に訳しなさい。

(1)　Nǐ yǒu jiějie ma?

(2)　Wǒ jiā yǒu wǔ kǒu rén.

(3)　Nǐ dìdi jīnnián duō dà?

2．中国語に訳し、ピンインを書いて発音しなさい。

(1)　これは私の父で、これは私の母です。

(2)　私は兄が1人と姉が2人います。

(3)　私たちの大学にはキャンパスが3つあります。

A57　3．次の中国語の質問に対して中国語で答えなさい。

(1)

(2)

(3)

氏名 _____ [第5課]

第 5 课　去食堂吃饭吧。
Qù shítáng chī fàn ba.

新出語句

	簡体字	ピンイン	日本語

1. _____　_____　いま

2. _____　_____　何時

3. _____　_____　〜時

4. _____　_____　〜分

5. _____　_____　食べる

6. _____　_____　ご飯を食べる

7. _____　_____　〜した（動作の完了や実現をあらわす）

8. _____　_____　まだ（〜していない）

9. _____　_____　〜していない、〜しなかった

10. _____　_____　それでは、では

11. _____　_____　行く

12. _____　_____　食堂

13. _____　_____　はい（同意、承諾））

14. _____　_____　行く（その場から離れる、発つ）

時間の表現

_____　あさ

_____　よる

_____　午前

_____　正午

_____ 午後

会話コーナーの語句 ☞ p.28

本　文
高木：　いま何時ですか？

李龍：　12時10分です。

高木：　ご飯を食べましたか？

李龍：　まだ食べていません。

高木：　じゃあ、食堂へご飯を食べに行きましょうよ。

李龍：　いいですよ、行きましょう。

氏 名 _____　［第5課］

練習問題

1．次のピンインを中国語（簡体字）にし、日本語に訳しなさい。

　（1）　Wǒ měitiān qī diǎn qǐ chuáng.

　（2）　Wǒ qù Zhōngcāntīng chī fàn.

　（3）　Wǒ zuótiān qù dǎ gōng le.

2．中国語に訳し、ピンインを書いて発音しなさい。

　（1）　私たち一緒に中国へ中国語を学びに行きましょうよ。

　（2）　私は毎日10時に寝ます。

　（3）　彼はまだ学校に来ていません。

3．次の中国語の質問に対して中国語で答えなさい。

　（1）

　（2）

　（3）

— 27 —

会話コーナーの語句

	毎日
	起きる、起床する
	寝る
	学校に来る
	家に帰る
	昨日
	中国語を勉強する
	テレビを見る
	宿題をする
	アルバイトに行く
	昼ご飯を食べる
	中華料理のレストラン
	カフェ

氏 名 ＿＿＿＿＿＿＿＿＿＿ ［第5課］

一日の生活の語句

＿＿＿＿＿＿＿＿＿＿＿＿＿＿＿＿ 起きる

＿＿＿＿＿＿＿＿＿＿＿＿＿＿＿＿ 朝ご飯を食べる

＿＿＿＿＿＿＿＿＿＿＿＿＿＿＿＿ 学校に来る

＿＿＿＿＿＿＿＿＿＿＿＿＿＿＿＿ 授業が始まる、授業を受ける

＿＿＿＿＿＿＿＿＿＿＿＿＿＿＿＿ 昼ご飯を食べる

＿＿＿＿＿＿＿＿＿＿＿＿＿＿＿＿ アルバイトに行く

＿＿＿＿＿＿＿＿＿＿＿＿＿＿＿＿ 家に帰る

＿＿＿＿＿＿＿＿＿＿＿＿＿＿＿＿ 夜ご飯を食べる

＿＿＿＿＿＿＿＿＿＿＿＿＿＿＿＿ お風呂に入る

＿＿＿＿＿＿＿＿＿＿＿＿＿＿＿＿ 寝る

▶ 一日の生活について書きましょう。

［第6課］

氏名 ＿＿＿＿＿＿＿＿＿

第 6 课　食堂的菜怎么样？
Shítáng de cài zěnmeyàng?

新出語句

	簡体字	ピンイン	日本語
1.			～にある、いる／～で
2.			どこ
3.			地下
4.			1階
5.			ふだん、いつも
6.			あるときは～、～のときもある
7.			外
8.			どうですか
9.			～でもあり…でもある
10.			（食べ物が）おいしい
11.			安い

場所をあらわす代名詞

	ここ・そこ
	そこ・あそこ
	どこ

会話コーナーの語句

	カフェ
	コンビニ
	事務室
	書店
	宿題をする

....	図書館
....	教室
....	家
....	昼ご飯を食べる

本文

李龍：　食堂はどこにありますか？

高木：　地下1階にあります。

李龍：　あなたはいつも食堂でご飯を食べますか？

高木：　外で食べるときもあります。

李龍：　食堂の料理はどうですか？

高木：　いいですよ。おいしくて安いです。

氏 名 ＿＿＿＿＿＿＿＿＿＿＿　［第6課］

練習問題

1．次のピンインを中国語（簡体字）にし、日本語に訳しなさい。

(1)　Wǒ jīntiān zài èr hàolóu shàng kè.

(2)　Wǒmen dàxué de shítáng zài dìxià yī céng.

(3)　Tāmen bú zài kāfēitīng.

2．中国語に訳し、ピンインを書いて発音しなさい。

(1)　トイレは2階にあります。

(2)　図書館は8号館の隣にあります。

(3)　彼はどこでアルバイトをしていますか？

A71　3．次の中国語の質問に対して中国語で答えなさい。

(1)

(2)

(3)

— 33 —

▶ テキスト p.45 の日本地図を見ながら答えましょう。

你老家在哪儿？　Nǐ lǎojiā zài nǎr?

你是哪里人？　Nǐ shì nǎlirén?

我们学校在哪儿？　Wǒmen xuéxiào zài nǎr?

第 7 课　你去过中华街吗？
Nǐ qùguo Zhōnghuájiē ma?

新出語句

簡体字	ピンイン	日本語
1.		日曜日
2.		神戸
3.		文末の助詞、感嘆の語気をあらわす
4.		～したい
5.		中華街
6.		もの
7.		本場の
8.		～したことがある

会話コーナーの語句

簡体字	ピンイン	日本語
		奈良
		大阪
		北海道
		沖縄
		寺
		名所旧跡
		夜景
		美しい
		海
		韓国
		水ぎょうざ

....	北京ダック
....	中国映画
....	野球の試合
....	サッカーの試合

本文

李龍： 日曜日に神戸へ行きましょう。

高木： いいですよ、私は中華街に行きたいです。

李龍： 中華街にはたくさんおいしいものがあります。

高木： すばらしい！ 私は本場の中華料理が食べたいです。

李龍： 中華街へ行ったことがありますか？

高木： 行ったことがありません。

[第7課]

練習問題

1．次のピンインを中国語（簡体字）にし、日本語に訳しなさい。

(1) Jīntiān wǒ bù xiǎng qù xuéxiào.

(2) Nǐ kànguo Zhōngguó diànyǐng ma?

(3) Tā zuò de cài fēicháng hǎochī.

2．中国語に訳し、ピンインを書いて発音しなさい。

(1) 私の父は中国語を勉強したことがあります。

(2) これは本場の日本料理です。

(3) 私は北海道に行きたいです。北海道にはたくさんおいしいものがあります。

3．次の中国語の質問に対して中国語で答えなさい。

(1)

(2)

(3)

時を表すことば

簡体字	ピンイン	日本語
		あさ
		午前
		正午
		午後
		よる
		～時～分
		おととい
		昨日
		今日
		明日
		あさって
		月曜日
		火曜日
		水曜日
		木曜日
		金曜日
		土曜日
		日曜日
		先週
		今週
		来週
		先月

氏 名 ＿＿＿＿＿＿＿＿＿＿　［第7課］

		今月
		来月
		おととし
		去年
		今年
		来年
		再来年
		何年
		何月
		何日
		何曜日
		何時
		何分
		いつ

氏 名 ＿＿＿＿＿＿＿＿＿＿ ［第8課］

第 8 课　要多长时间？
Yào duō cháng shíjiān?

新出語句

	簡体字	ピンイン	日本語
1.			～から（隔たり）
2.			学校
3.			遠い
4.			毎日
5.			どのように、どう
6.			来る
7.			乗る
8.			電車
9.			～から（起点）
10.			～まで
11.			かかる、要する
12.			どのくらいの時間
13.			半
14.			～時間
15.			～ぐらい

会話コーナーの語句

簡体字	ピンイン	日本語
		近い
		電車に乗る
		バスに乗る
		地下鉄に乗る
		自転車に乗る
		バイクに乗る
		歩いて

— 41 —

	寝る
	家で勉強する
	運動する

本　文

李龍：　あなたの家は学校から遠いですか？

高木：　遠いです。

李龍：　あなたは毎日どうやって学校へ来ますか？

高木：　毎日電車で学校へ来ます。

李龍：　あなたの家から学校までどのくらい時間がかかりますか？

高木：　1時間半ぐらいかかります。

時間の長さ

	～分間
	～日間
	～年間
	～時間
	～週間
	～か月

氏 名 _____ ［第8課］

練習問題

1．次のピンインを中国語（簡体字）にし、日本語に訳しなさい。

(1)　Nǐ jiā lí xuéxiào yuǎn ma?

(2)　Wǒ měitiān shuì bā ge xiǎoshí.

(3)　Cóng chēzhàn dào xuéxiào yào shí fēnzhōng.

2．中国語に訳し、ピンインを書いて発音しなさい。

(1)　私たちの大学は空港から遠いです。

(2)　私たちはどうやって中華街に行きますか？

(3)　兄は毎日自転車で会社に行きます。

A85　3．次の中国語の質問に対して中国語で答えなさい。

(1)

(2)

(3)

— 43 —

▶ 京都の地図を見ながら答えましょう。

你去过哪儿？　Nǐ qùguo nǎr?

你想去哪儿？　Nǐ xiǎng qù nǎr?

我们怎么去＿＿＿＿＿？　Wǒmen zěnme qù ＿＿＿＿＿＿＿？

从京都站要多长时间？　Cóng Jīngdūzhàn yào duō cháng shíjiān?

氏 名 _____ ［自己紹介］

自我介绍
zìwǒ jièshào

新出語句

簡体字	ピンイン	日本語
1.		自己紹介
2.		みなさん
3.		趣味
4.		聞く、聴く
5.		音楽
6.		流行歌
7.		今後、これから
8.		どうぞよろしくお願いします

本 文

みなさんこんにちは！

___

私の姓は高木で、高木愛といいます。

___

私は京谷大学経済学部1年生の学生です。

私の家は大阪にあります。

毎日電車で学校に来ていて、家から学校まで１時間半ぐらいかかります。

私の趣味は音楽鑑賞で、流行歌を聴くのが好きです。

中国語を勉強することも好きです。

これからどうぞよろしくお願いします！

氏 名 _____　［自己紹介］

▶ 自己紹介の文章を書きましょう。

復習 1

1．次の単語表を完成させなさい。

中国語（簡体字）	ピンイン	日本語
		おたずねしますが
		しかし
舒 服		
		日曜日
	piàoliang	

2．次のピンインを中国語（簡体字）にし、日本語に訳しなさい。

(1) Nǐ shì liúxuéshēng ma?

(2) Jīntiān tiānqì bù hǎo.

(3) Xiànzài jǐ diǎn?

(4) Wǒ bù xiǎng chī fàn.

(5) Nǐ měitiān zěnme lái xuéxiào?

3．中国語（簡体字）に訳しなさい。

(1) あなたの家から学校までどのくらい時間がかかりますか？

(2) 私は本場の中華料理を食べたことがありません。

(3)　これは中国語のテキストです。

(4)　彼はまだ学校に来ていません。

(5)　食堂の料理はおいしくて安いです。

4．日本語の意味に合うように並べ替えなさい。

(1)　远，学校，我家，很，离　　　〔私の家は学校から遠いです。〕

(2)　去，吃饭，我们，吧，食堂　　〔私たちは食堂へご飯を食べに行きましょう。〕

(3)　很多，神户，东西，的，有，好吃　〔神戸にはたくさんおいしいものがあります。〕

(4)　二号楼，我们，汉语课，在，上　〔私たちは2号館で中国語の授業を受けます。〕

(5)　好吃，做，我妈妈，的，很，菜　〔母が作った料理はおいしいです。〕

5．中国語の発音を聴いて、空欄に中国語（簡体字）を書き入れなさい。

大家好！我姓大宫，叫大宫花子。我是京谷大学＿＿＿＿＿＿系＿＿＿＿＿＿年级的学生。今年＿＿＿＿＿＿岁。我家有＿＿＿＿＿＿口人，有爸爸、妈妈、＿＿＿＿＿＿个＿＿＿＿＿＿和我。我家在＿＿＿＿＿＿。我每天＿＿＿＿＿＿来学校。从我家到学校要＿＿＿＿＿＿分钟左右。我每天八点去学校，＿＿＿＿＿＿点左右回家。我很喜欢学习汉语。今后请多多关照！

[第9課]

第 9 课　在哪儿买的？
Zài nǎr mǎi de?

新出語句

	簡体字	ピンイン	日本語
1.			買う
2.			〜冊（冊子状のものを数える量詞）
3.			辞書
4.			オンライン、インターネット上
5.			いつ
6.			先週
7.			なかなかよい、すばらしい
8.			知らせる、教える
9.			ウェブサイト

量詞

簡体字	ピンイン	日本語
		〜人、〜個（人やもの一般）
		〜冊（冊子状のもの）
		〜本（細長い棒状のもの）
		〜軒（家や店、会社など）
		〜着、〜件（衣類、事件など）
		〜枚（平面状のもの）
		〜本（細長いもの）
		〜人（人を数える丁寧な言い方）
		〜杯（コップに入ったもの）
		〜本（瓶やペットボトルなど）
		〜碗、〜杯（碗に入ったもの）

会話コーナーの語句

		ミネラルウォーター

— 51 —

	ノート
	ペン
	電車に乗る
	バスに乗る
	地下鉄に乗る
	自転車に乗る
	バイクに乗る
	歩いて
	携帯番号
	メールアドレス

本　文

李龍：　見て、中日辞書を１冊買いました。

高木：　どこで買ったんですか？

李龍：　ネットで買ったんです。

高木：　いつ買ったんですか？

李龍：　先週買ったんです。

高木：　この辞書はなかなかいいですね。そのサイトを教えてくれますか？

氏 名 _____　[第9課]

練習問題

1．次のピンインを中国語（簡体字）にし、日本語に訳しなさい。

　　(1)　Wǒ hē le yì bēi kāfēi.

　　(2)　Tā shì zài Běijīng xuéxí de.

　　(3)　Tā jiāo liúxuéshēng Rìyǔ.

2．中国語に訳し、ピンインを書いて発音しなさい。

　　(1)　あの留学生は北京から来たのです。

　　(2)　彼はパンを3つ買った。

　　(3)　あなたたちはどうやって知り合ったのですか？

3．次の中国語の質問に対して中国語で答えなさい。

　　(1)

　　(2)

　　(3)

氏 名 _____ ［第9課　ファーストフード店にて］

◆ 在快餐店
Zài kuàicāndiàn

新出語句

簡体字	ピンイン	日本語

1. _____ _____ ファーストフード店

2. _____ _____ 店員、従業員

3. _____ _____ 客

4. _____ _____ 歓迎する

5. _____ _____ いらっしゃいませ

6. _____ _____ ほしい、要る

7. _____ _____ ハンバーガー

8. _____ _____ ポテト

9. _____ _____ コーヒー

10. _____ _____ 全部で

11. _____ _____ 与える、渡す

12. _____ _____ つり銭を渡す

13. _____ _____ 再び

本　文

店員：　いらっしゃいませ！　何になさいますか？

客：　ハンバーガー1つとポテト1つとコーヒーを1杯ください。

店員： 全部で28元5角です。

客： 100元お渡しします。

店員： 71元5角のお返しです。またのお越しを。

客： ありがとう。

中国のお金

簡体字	ピンイン	日本語
		人民元
		元（書き言葉）
		角（書き言葉）
		分（書き言葉）
		元（話し言葉）
		角（話し言葉）
		分（話し言葉）
		いくらですか？

氏 名 _____ ［第10課］

第10课　北京的夏天比京都热吧？
Běijīng de xiàtiān bǐ Jīngdū rè ba?

新出語句

簡体字	ピンイン	日本語
1.		北京
2.		夏
3.		～より（比較）
4.		京都
5.		暑い
6.		そのとおりだ、そうだ、正しい
7.		しかし、でも
8.		湿気がある
9.		冬
10.		寒い
11.		ずっと～だ（比較の文に用いる）
12.		それとも
13.		最も
14.		秋

会話コーナーの語句

		暖かい
		涼しい
		難しい
		易しい
		おもしろい
		コーヒー
		紅茶

....	パン
....	お米のご飯、ライス
....	英語
....	サッカーの試合
....	野球の試合
....	クラシック音楽
....	ジャズ音楽

本文

高木： 北京の夏は京都より暑いでしょう？

李龍： そうです。でも、北京は京都ほど湿気がありません。

高木： じゃあ、冬は寒いですか？

李龍： 北京は京都よりずっと寒いです。

高木： 夏が好きですか、それとも冬が好きですか？

李龍： 私は秋が一番好きです。

氏 名 _____ ［第10課］

練習問題

1．次のピンインを中国語（簡体字）にし、日本語に訳しなさい。

　（1）　Jīngdū de xiàtiān bǐ Běihǎidào rè duō le.

　（2）　Yīngyǔ méiyǒu Hànyǔ nán.

　（3）　Nǐ chī mǐfàn, háishi chī miànbāo?

2．中国語に訳し、ピンインを書いて発音しなさい。

　（1）　この服はあの服よりずっと高い。

　（2）　今年は去年ほど忙しくない。

　（3）　彼女のお兄さんは彼女より4歳年上です。

3．次の中国語の質問に対して中国語で答えなさい。

　（1）

　（2）

　（3）

氏　名 _____　［第 11 課］

第 11 课　你会说日语吗？
Nǐ huì shuō Rìyǔ ma?

新出語句

	簡 体 字	ピンイン	日 本 語

1. _____　_____　ある動作を積極的におこなう姿勢をあらわす

2. _____　_____　紹介する

3. _____　_____　ちょっと〜する（動詞のうしろに置く）

4. _____　_____　台湾

5. _____　_____　友だち、友人

6. _____　_____　劉　梅玉

7. _____　_____　台北

8. _____　_____　〜できる（会得）

9. _____　_____　話す、言う

10. _____　_____　日本語

11. _____　_____　学ぶ、勉強する

12. _____　_____　すでに、もう

13. _____　_____　半年

会話コーナーの語句

_____　_____　車を運転する

_____　_____　英語を話す

_____　_____　料理をする、料理をつくる

_____　_____　泳ぐ

_____　_____　スキーをする

	使う
	携帯電話
	かばん

本　文

李龍：　私からちょっと紹介しましょう、彼女は台湾人の友だちで、劉梅玉さんです。

劉梅玉：　こんにちは。私は台北から来たんです。

高木：　あなたは日本語が話せますか？

劉梅玉：　少し話せます。

高木：　あなたはどのくらい日本語を学んでいますか？

劉梅玉：　もう半年学んでいます。

氏 名 ＿＿＿＿＿＿＿＿＿＿　［第11課］

練習問題

1．次のピンインを中国語（簡体字）にし、日本語に訳しなさい。

　　（1）　Qǐng nǐ lái yíxià.

　　（2）　Wǒ bú huì shuō Hànyǔ.

　　（3）　Tā kàn le liǎng ge xiǎoshí diànshì le.

2．中国語に訳し、ピンインを書いて発音しなさい。

　　（1）　彼女は日本語は話せないが、英語が少し話せる。

　　（2）　あなたたちの大学をちょっと紹介して下さい。

　　（3）　彼はすでに3時間も音楽を聴いています。

3．次の中国語の質問に対して中国語で答えなさい。

　　（1）

　　（2）

　　（3）

氏 名 _____ ［第12課］

第12课　这个周末你打算做什么？
Zhè ge zhōumò nǐ dǎsuàn zuò shénme?

新出語句

	簡体字	ピンイン	日本語
1.			週末
2.			～するつもりだ
3.			する
4.			泳ぐ
5.			～できる（能力）
6.			メートル
7.			教える
8.			～しなければならない、～する必要がある
9.			運動する

会話コーナーの語句

簡体字	ピンイン	日本語
		公務員になる
		教師になる
		大学院を受験する
		会社ではたらく
		決める
		どれだけ
		ギョーザ
		映画
		ごめんなさい

	アルバイトに行く
	宿題をする
	友だちの家に行く

本文

高木： この週末は何をするつもりですか？

李龍： 泳ぎに行くつもりです。

高木： 泳げるんですか？

李龍： 泳げますよ。1000メートル泳げます。

高木： 私は全く泳げません。

李龍： じゃあ私が教えてあげましょう。あなたもちょっと運動しなくちゃ。

氏 名 ＿＿＿＿＿＿＿＿＿＿＿＿　［第12課］

練習問題

1．次のピンインを中国語（簡体字）にし、日本語に訳しなさい。

(1)　Zhège zhōumò wǒ dǎsuàn qù péngyou jiā.

(2)　Wǒ xǐhuan yóu yǒng, wǒ néng yóu liǎngqiān mǐ.

(3)　Hànyǔ, tā yìdiǎnr yě bú huì.

2．中国語に訳し、ピンインを書いて発音しなさい。

(1)　卒業後は、私は教師になるつもりだ。

(2)　この映画は少しも面白くない。

(3)　学生はしっかり勉強しなければならない。

3．次の中国語の質問に対して中国語で答えなさい。

(1)

(2)

(3)

氏 名 _____　　［第13課］

第 13 课　你在做什么呢？
Nǐ zài zuò shénme ne?

新出語句

簡体字	ピンイン	日本語
1.		もしもし
2.		〜しているところだ
3.		文末の助詞、〜しているという事実を確認する
4.		宿題をする
5.		カラオケをする（カラオケをうたう）
6.		〜できる（条件）
7.		大丈夫だ、問題ない
8.		どうしよう
9.		もうすぐ〜する
10.		〜し終わる

会話コーナーの語句

		お風呂に入る
		寝る
		電話をかける
		料理をする
		車を運転する
		買い物をする
		お酒を飲む
		アルバイトに行く

お金がない

本　文

李龍：　もしもし、何をしていますか？

高木：　宿題をしているところです。

李龍：　私たちはカラオケをしているところです。あなたは来られますか？

高木：　大丈夫！

李龍：　じゃあ、宿題はどうするんですか？

高木：　もうすぐ終わります。

氏 名 ＿＿＿＿＿＿＿＿＿＿＿　［第13課］

練習問題

1．次のピンインを中国語（簡体字）にし、日本語に訳しなさい。

　　(1)　Xuéshēngmen zài shàng kè ne.

　　(2)　Jīntiān wǎnshang wǒ yào qù dǎ gōng, bù néng qù wánr.

　　(3)　Tā lái Rìběn kuài yì nián le.

2．中国語に訳し、ピンインを書いて発音しなさい。

　　(1)　この本は、私はもうすぐ読み終わる。

　　(2)　彼はお風呂に入っているところなので、電話に出られない。

　　(3)　私はもうすぐ20歳になる。

3．次の中国語の質問に対して中国語で答えなさい。

　　(1)

　　(2)

　　(3)

第 14 课　你唱歌唱得真不错！
Nǐ chàng gē chàngde zhēn búcuò!

新出語句

	簡体字	ピンイン	日本語
1.			歌をうたう
2.			状態補語を導く
3.			英語の歌
4.			～してもよい、～できる
5.			飲む
6.			ドリンク、飲みもの
7.			もちろん、当然
8.			～に、～のために
9.			（料理などを）注文する

会話コーナーの語句

簡体字	日本語
	料理をする
	テニスをする
	まあまあだ
	写真を撮る
	ものを食べる
	ドリンクを飲む
	電話をかける

本　文

李龍：　歌をうたうのが本当に上手ですね！

高木：　ありがとう！　これは日本の流行歌です。

李龍：　あなたは英語の歌がうたえますか？

高木：　うたえるけど、でもうまくありません。

李龍：　ドリンクを飲んでもいいですか？

高木：　もちろんいいですよ。何が飲みたいですか？
　　　　私が（あなたのために）注文してあげます。

氏 名 ＿＿＿＿＿＿＿＿＿＿　［第14課］

練習問題

1．次のピンインを中国語（簡体字）にし、日本語に訳しなさい。

（1）　Nǐ Hànyǔ shuōde zhēn hǎo!

（2）　Nǐmen kěyǐ huí jiā.

（3）　Wǒ dǎsuàn gěi Zhōngguó péngyou zuò Rìběncài.

2．中国語に訳し、ピンインを書いて発音しなさい。

（1）　彼はテニスをするのがとても上手だ。

（2）　母は私に服を1着買ってくれた。

（3）　ここでは写真をとってもいいですか？

3．次の中国語の質問に対して中国語で答えなさい。

（1）

（2）

（3）

第15课　参加演讲比赛
Cānjiā yǎnjiǎng bǐsài

新出語句

	簡体字	ピンイン	日本語
1.			参加する、出る
2.			スピーチコンテスト
3.			（時間が）過ぎる
4.			（スピードが）速い
5.			毎年
6.			開催する
7.			〜したい、〜するつもりだ
8.			先生、教師
9.			〜に…させる（使役）
10.			用いる、〜で
11.			書く
12.			きちんと〜し終わる
13.			原稿
14.			流暢だ
15.			授業が終わる
16.			〜してから、〜したあと
17.			助ける、手伝う
18.			練習する
19.			発音
20.			いままで、かつて（多く否定文に用いる）

21.	_____	種類(量詞)
22.	_____	(〜ではないかと)恐れる、心配する
23.	_____	〜するとすぐ…する
24.	_____	壇上に上がる
25.	_____	〜するはずだ、〜するだろう
26.	_____	緊張する
27.	_____	思う、感じる
28.	_____	〜回、〜度(回数を数える量詞)
29.	_____	鍛える
30.	_____	自分
31.	_____	チャンス、機会
32.	_____	必ず、きっと、絶対に
33.	_____	しっかり、十分に
34.	_____	準備する

本　文

もうすぐ12月、時間がたつのは本当にはやい。

_____

毎年、学校は中国語スピーチコンテストを開催していて、今年は私も参加しようと思う。

_____

氏名 _____ ［第15課］

先生は私たちに中国語で自己紹介をさせる。

もう原稿は書き上げたが、でもまだあまり流暢に話せない。

私には李龍くんという中国人の友人がいて、彼が放課後発音の練習を手伝ってもいいと言ってくれている。

私は今までこういったコンテストに参加したことがなく、壇上に上がったら緊張するのではと心配だ。

今回のコンテストは自分を鍛えるよいチャンスだと思うので、必ずしっかり準備しよう！

スピーチ原稿の語句

簡体字	ピンイン	日本語
		〜を除いて、〜以外
		なので、だから
		会話
		能力
		比較的、わりと
		劣る
		〜と、〜のあとについて
		来年
		夏休み
		旅行する
		登る
		雄大だ
		万里の長城
		味わう、味をみる
		各地
		簡単な料理、軽食
		抱く
		かわいい
		パンダ
		さらに、そのうえ
		自分の目で
		日常生活

氏 名 _____　［スピーチの原稿］

....	たくさん
....	交流する
....	視野を広げる
....	将来
....	仕事につく、従事する
....	～と関係がある
....	仕事

本　文

みなさん、こんにちは！　私は高木、高木愛といいます。

◀

_____

私は京谷大学経済学部1年生の学生です。

_____

私の家は大阪にあります。毎日電車で学校に来ていて、家から学校まで1時間半ぐらいかかります。

_____

私の趣味は音楽鑑賞で、流行歌を聴くのが好きです。

_____

中国語を勉強することも好きです。

でも、ふだんは授業以外に中国語を話す機会がないので、会話能力がわりと劣っています。

中国の友だちとしっかり会話の練習をしたいです。

来年の夏休み、私は中国に旅行に行くつもりです。

雄大な万里の長城に登ったり、各地の料理を味わったり、かわいいパンダを抱いたりしてみたいです。

氏 名 _____ ［スピーチの原稿］

それから自分の目で中国人の日常生活を見て、彼らとたくさん交流し、視野を広げたいです。

将来は中国と関係のある仕事につきたいと思っています。

みなさん、ありがとうございました！

▶ 自分のスピーチ原稿を作りましょう。

第16课　为什么呢？
Wèi shénme ne?

新出語句

	簡体字	ピンイン	日本語
1.			少し（好ましくないこと）
2.			どうしたのか
3.			顔色
4.			眠い
5.			ただ、～だけ
6.			寝る
7.			なぜ
8.			文末の助詞、疑問詞疑問文につけて語気をやわらげる
9.			なぜならば
10.			サッカー
11.			試合
12.			あらまぁ、ああ（驚いたときに発する）
13.			授業を受ける
14.			～するとき、～のころ
15.			～しないでください

会話コーナーの語句

		季節
		春
		夏
		秋

	冬
	桜
	紅葉
	スキーをする
	スケートをする
	雪が降る

本文

李龍： 今日はちょっと気分が悪い。

高木： どうしたの？ 顔色もあまりよくないですね。

李龍： すごく眠い、昨日3時間しか寝ていません。

高木： どうして？

李龍： サッカーの試合を見ていたので。

高木： あら〜、授業中寝ないでくださいよ！

氏　名　_____　[第16課]

練習問題

1．次のピンインを中国語（簡体字）にし、日本語に訳しなさい。

(1) Tā de liǎnsè yǒudiǎnr bù hǎo.

(2) Wǒ hěn kùn, yīnwèi zuótiān zhǐ shuì le sì ge xiǎoshí.

(3) Tā zài shàng kè ne, búyào gěi tā dǎ diànhuà.

2．中国語に訳し、ピンインを書いて発音しなさい。

(1) 私は去年中国へ旅行に行ったとき、この茶葉を買った。

(2) 中国語の発音はちょっと難しい。

(3) 彼はなぜ今日来ていないのですか？

3．次の中国語の質問に対して中国語で答えなさい。

(1)

(2)

(3)

氏名 _____ ［第17課］

第 17 课　有些地方看不懂。
Yǒuxiē dìfang kànbudǒng.

新出語句

	簡体字	ピンイン	日本語
1.			〜を
2.			雑誌
3.			たずさえる、持つ
4.			読んで理解できる
5.			いくらか、一部の
6.			ところ、場所
7.			読んで理解できない
8.			帰る、帰って行く
			持って帰る、持って帰って行く
9.			ゆっくり

会話コーナーの語句

		中国語の新聞
		私が話す中国語
		聞き取れる
		黒板の（上の）字
		見える

本　文

李龍：　中国の雑誌を持って来ました。

高木：　やったぁ！　ちょっと見てみます。

李龍：　どう？　全部分かりますか？

高木：　分からないところもあります。

李龍：　僕はもう見ないから、持って帰ってもいいですよ。

高木：　じゃあ、家でゆっくり読みます。

氏 名 ＿＿＿＿＿＿＿＿＿＿＿＿　[第17課]

練習問題

1．次のピンインを中国語（簡体字）にし、日本語に訳しなさい。

(1)　Nǐ bǎ zhè běn zázhì dàihuíqù ba.

(2)　Tā shuō de Hànyǔ, yǒuxiē dìfang tīngbudǒng.

(3)　Nǐmen kěyǐ huíqù le.

2．中国語に訳し、ピンインを書いて発音しなさい。

(1)　私は少しも聞き取れない。

(2)　黒板の字は、あなたたちは見えますか？

(3)　今日は授業（を受けに）に行かないことにした。

3．次の中国語の質問に対して中国語で答えなさい。

(1)

(2)

(3)

復習 2

1．次の単語表を完成させなさい。

中国語（簡体字）	ピンイン	日本語
		どこ
	néng	
告诉		
		大丈夫だ、問題ない
	búcuò	

2．次のピンインを中国語（簡体字）にし、日本語に訳しなさい。

(1) Nǐ xǐhuan xiàtiān, háishi xǐhuan dōngtiān?

(2) Zhège zhōumò wǒ dǎsuàn qù yóu yǒng.

(3) Nǐ shì shénme shíhou mǎi de?

(4) Zhè běn zázhì, wǒ yǒuxiē dìfang kànbudǒng.

(5) Wǒ jīntiān yǒudiǎnr kùn.

3．中国語（簡体字）に訳しなさい。

(1) あなたは中国語を話すのがとても上手ですね。

(2) 持って帰ってもいいですか？

(3) 授業中寝ないでください。

(4) 私は宿題をしているところです。

(5) あなたはどのくらい日本語を勉強していますか？

4．日本語の意味に合うように並べ替えなさい。

(1) 电视，小时，他，了，了，两个，看　〔彼は2時間テレビを見ています。〕

(2) 你，我，介绍，一下，给　〔あなたにちょっと紹介しましょう。〕

(3) 带来，我，把，了，中国杂志　〔私は中国の雑誌を持って来ました。〕

(4) 英语，汉语，一点儿，比，难　〔中国語は英語よりちょっと難しい。〕

(5) 我，能，会，一千米，游，游泳　〔私は泳げます、1000メートル泳げます。〕

5．中国語の発音を聴いて、空欄に中国語（簡体字）を書き入れなさい。

＿＿＿＿＿＿，我＿＿＿＿去＿＿＿＿＿。我想爬爬雄伟的长城，＿＿＿＿各地的＿＿＿＿，抱抱可爱的＿＿＿＿。我还＿＿＿＿亲眼看看中国人的日常生活，跟他们多多＿＿＿＿，开阔眼界。将来我想从事＿＿＿＿中国＿＿＿＿的工作。

氏 名 _____ ［第17課］